やっぱり
悲劇
だった

「わからない」
演劇へのオマージュ

三浦 基

やっぱり悲劇だった

「わからない」演劇へのオマージュ

岩波書店

演劇は反映する鏡ではない、
それは、
拡大鏡だ。

ヴラジーミル・マヤコフスキー

芸術は現実を映す鏡ではない。
芸術は現実を形づくるハンマーだ。

ベルトルト・ブレヒト

まえがき──なぜ、「わからない」のか？

　私の演出した劇を見て「わからない」と言う人がたくさんいる。そうした人たちの中にも同じ劇を二度以上見る人が結構いて、すると「わかったような気がする」とよく言われる。初めて見たときよりも二度目に見たときの方がわかるのは当たり前かもしれない。しかし、よく考えなければならないことは、同じ作品を何度も見るということと、一方で、「わからない」と放棄することとの差についてではないだろうか。そして手放しに「わからない」と思った人が、運悪くもう一度同じ劇を見なくてはならなかったとしても、その結果はきっと同じなのである。

　私には複雑な思いがある。数多くの人たちが「わからない」という気持ちを抱えて客席にいる。アウェーで試合をするような本番。これは私のせいなのか、と考えてみる。私が「わかる」ようにつくればいいのかということだが、実際、それがよくわからない。もう少し正確に言うと、「わかる」ようにやるやり方を知らないと言ったほうがいい。そもそも何を「わかる」つもりなのかという疑問を持ってしまう。もちろん、物語を説明しないようなつくり方をすれば、話の筋はわからないに決まっているが、では、物語が「わかる」ことが演劇なのか。確かにそういう演劇はたくさんあるけれども、実際には、観客はそこをおもしろがっていないことが多いし、物語にヒマしているではないか。

　では、観客は何が「わからない」のか。答え。どうしてこのようなことをするのか、という行為そのものがわからないのである。歴史や文脈がわからないのである。古典戯曲ならなおさら、その背景

を勉強しないといけない気になるだろう。現代戯曲なら政治性に敏感でなければならないだろう。ものを考えたり、知識を得ることに努力を払わない人に限って「わかる」ことを欲するものだから、「わからない」ことは性質の悪いコンプレックスを生み出す。そこに付き合って、あらゆる情報はわかりやすさを提供することをまるで使命であるかのように正当化する。物語はわかりやすく、感情もわかりやすく、サービスは幼稚でないとサービスではないかのようだ。深々と頭を下げられることに慣れきってしまった観客は、当然、「わからない」ことはあり得ないとなる。

　演出家がものを言うということは、とても厳しいところに入る気がする。というのは、ものを言う人とは演劇では通常、作家である。つまり彼／彼女が書いたということだ。それを俳優が声に出して観客の前で発表するというのは、いわば代弁である。その行為について監査するのが演出家の大きな仕事であると言ってよい。言葉の力とは、いずれ、書かれたものをどのように発信するかという手続きによって発揮される。もちろん小説であれば、読者の黙読によって、内的な声として言葉が力を持つこともあろうが、今はもう少しレベルを引き上げて考えている。
　演出家がものを言う場合、どう何を語るのか、そしてそのことがそもそも望まれているのか、ということをまず気にしなくてはならない。なぜならば、作家でも俳優でもない立場で言葉に対してどのような作業をしているのかを観客に理解してもらうことは難しいと率直に思うからだ。私が理解して欲しいのは、だからその難しさと複雑な思いがあるということだけなのかもしれない。つまり、理解できないということを理解することにほかならない。これが現代演劇の態度だと言って差し支えない。私の演出した劇を見て、もし「わからない」と思う人がいたら、だから正しい。わかったつもり

になって、自分をごまかすことの方が正しくない。

　演出家という人間がひとり孤独なのではない。孤独なのは観客の
はずだ。ここで大事なことは、観客とは大勢の中にいるひとりひと
りのことであり、実は、演出家もその中のひとりであるに過ぎない
ということだ。演劇は、劇場という限られた時間と空間の中で行わ
れてきた。この「限られた」時空間は、小さな社会と呼んでいいし、
だからこそ我々は、人生のうちで何度か、かけがえのない経験を劇
場で得てきた。その感覚を知ったら演出家がものを言う必要なんか
ない。むしろ、それは余計なことである。
　ところで、演出家は偉くないとできない。少なくともまわりにい
る人間の中でリーダーでなければ、何ひとつ決められないだろう。
集団にはその宿命しかない。正確に言うと、演出家は偉いことを承
知しなければならない。ここまではいいのだが、問題は、まわりに
いる人たちが本当にその人を偉いと勘違いしてしまう時である。実
は観客までそのように思っている節がある。だから演出家の言葉は、
絶対となり、権力を持つことになる。しかし、思い出して欲しいの
は、演出家は本来言葉を持たない人種であるはずということ。言葉
を持つのは、作家と俳優だ。ダメな演劇が陥るのはこの倒錯にある。
作家の言葉がいつの間にかうわすべりし、俳優の演技がいつの間に
かひらべったいものになる。言葉を持たないはずの演出家のもの言
いだけが舞台を支配する。それを望んだのは「偉さ」に甘えた集団
性であり、往々にして社会はそこになびく。その方が楽だから。
　本来、演劇という表現は、ヒエラルキーに安住する集団性や社会
に対しての批評の鏡のような存在であるはずだ。その鏡を覗き込む
のは誰か。自分しかいない。自分の姿を鏡でじっと見つめるのはつ
らい。そうでない人はナルシストであるが、今、それは問題にしな
い。なぜならばナルシストは社会に適応する必要がないのであって、

一番演劇に向いていない。俳優論を語っているのではなく、観客を含めた我々のことを言っている。我々の中にいる自分の姿を見つめることをひとまず演劇だと言っている。我々とは誰か？　ついにこの問いが芽生えたとき、演劇は初めて社会性を帯びる。かけがえのない経験とは、そのようにして世界を摑んでしまうことだ。

さて、一観客であるはずの私は、何を語るつもりなのか？　我々の中のひとりである私は困る。「何を」はきっと「演劇」であるに違いないのだが、果たしてその演劇とは何かという問いが成り立つのかどうか困るのである。なぜならば、今日、この時点で私が思う「演劇」はこの社会にはあまり存在していない。もちろん私の演出したものは「演劇」であるはずだが、では私は「私の演劇」を観客に見て欲しいのかと言えば、そうではない。つまり「何を」が「私の演劇」でない以上、やはり「演劇」そのものについて語らねばならないとなったとき、それを満たす条件というか環境が、まだ整っていないような気がしてならない。私の不安、いや我々の不満はこの点にあると言ってよい。

言葉を介する演劇は、まず自国で享受されてこそ意味のあるものだと思っているので、またもや困る。演劇とは何か、という問いを一度自分の中で消去する。なぜならば、この国では演劇があまりにも貧弱であり、ひょっとしてそんなものは存在していないのかもしれないと思うからだ。これで気が楽になるかと言えば、演劇雑誌や新聞の文化欄を開けば、数多くの演劇が紹介されているし、私の演出作品についても載っている有様なので、ちっとも楽しくない。自分の演劇以外の演劇について文句を言うことは、実は私にとって楽だし、いくらでもおしゃべりはできる。でも、読者はあまりおもしろくないと思うし、第一、そんなことをしてはいけない、というつ

x

まらない良識が私にはある。しかし、断っておくが、優れた演劇とはそのほとんどが、他の演劇に対する文句のようなもので、それを格好つけて言うと批評性があるということになる。歴史を更新する表現とか新しい表現といったものは、すべて過去への文句の上に成り立っている。身も蓋もなく言うと、いちゃもんをつけてるようなものなのだ。もちろんその深度こそが重要であるのは言うまでもない。

だから演劇についての文句は、自分の演劇、つまり作品でしか示せないし、そこが観客に伝わるのかどうかという暗い取引だけが劇場ではなされているはずなのだ。もし、この前提が了解されているならば、私および我々は困らない。しかし問題は、いちゃもんをつけるにしても、何に対してなのかを共有できない状況にあることだ。観客は、しんどい。もちろん私もしんどい。ここで嘘をつけば、きっと「私の演劇」について簡単に解説できるだろう。しかし、である。今、私が私の演劇を語れないのは、演劇が〈わたし〉の世界であるかのような代物に成り下がってはまずいからだ。演劇は、〈わたし〉から遠い場所にいる。だってもし観客が〈わたし〉を武器にしたら、何もかも好き嫌いで片付けられてしまう。それは趣味だ。わかる人にだけわかるというのは嘘だ。観客ひとりひとりがそれぞれいろんな受け止め方をしてください、というのも嘘だ。こういう言い訳は、ほかでもない「我々」が考えだした苦肉の策に過ぎない。「わからない」ものに対するずるいやり口だ。結局、観客は賢いのである。だからこそ〈わたし〉をさらすのが作家だ。我々は作家を特別扱いしなければならない。重傷の患者として。それが演劇の態度だ。演出家は言葉を持たないというのは、〈わたし〉を持たないという意味だ。だから演出家は作家にはならない。

ここで私は、演劇が一番偉いと思っている者であることを告白しなければならない。断っておくが、私は、私の演劇が一番偉いとは

言っていない。では、どの演劇が偉いのか。そういう問題ではなく、演劇を「我々の行為」として考える必要がある。別の言い方をすれば「参加」ということになろうか。そしてその行為について今日、どれだけのことがなされているのか考えれば、むしろそんなものはないことになっているのが現状だということになる。民意。例のずるさがそうさせているわけだ。我々は考えることをどうにかしてやめたい。なぜ、観客は演劇を見ないのか。なぜ、「わからない」のか。

　例えば新聞やテレビが「私の演劇」について聞きたがるのは、もし、演劇そのものを解説せよとなったら大変だからだ。この国では、久しく演劇に〈わたし〉がはりついて離れない。だからマスメディアは〈わたし〉を取材すれば、体裁が整うし、演劇はあくまでも〈わたし〉の不思議な世界に収まってくれるわけだ。それはごまかしの政治性としては優れているが、芸術の問題としてはまったく劣っていると言わざるを得ない。演劇を我々の社会現象として語ること。そこから遠くにいる今日このごろ。日本。

　これからみなさんは、私の本を黙読なさるのか？　本当は劇を見に来て欲しい。しかし、それだけでは足りない事情があるから私は書く。私の演劇の周辺をうろついてもらうことで我々の演劇について一緒に鏡を覗こう。恥を忍んで。

目次

まえがき──なぜ、「わからない」のか？

I

生身の観客　　2

走り続ける1　駈込ミ訴へ　　4

走り続ける2　悪霊　　12

覚えられない台詞　　22
　　──イェリネク『スポーツ劇』の稽古場で考える

悲劇だった。　　30

II

3月11日は初日だった。　　72

日本現代演劇の変　　82

戯曲とは何か。ナボコフの応答。　　89

目　次

小文
<ruby>小文<rt>エッセイ</rt></ruby>

　　　　祖父と基督　96
　　　　うまいぞ！ ロシア　　97
　　　　　寂しいパリ　101
「わたしはあなたを愛している」と、言えるのか？　　105
　　　椅子とか、椅子とか、新作とか、　　110
　　　　　　床問題　113
　　　『CHITENの近現代語』という物語　116
　　　　　呼吸の実感　119
　　　演劇がリアリズムであること　121
　　　　　私は演劇人だ。　124
　　中国はわかっている。演劇は危険だと。　126
　　　　　普通の演劇　127

なぜスタニスラフスキー・システムではダメなのか？　　132
アクチュアリティとは何か？　152
──『CHITENの近未来語　2016年8月9日版』から考える

自殺の理由　164
沈黙の国の演劇　173

xv

わかる・わからない問題は、いつ解決するのか？　　191
──あとがきにかえて

初出一覧

I

生身の観客

　最近、子ども劇『はだかの王様』の公演をしてわかったことがあった。

　全部で 10 回ほど上演したのだが、中には客席に子どもが少なくほとんど大人しか見ていない回などもあり、客席の反応は日ごとにだいぶ異なったものであった。例えば子どもが多い日は、俳優の滑稽な動きひとつで盛り上がる。大人が多い日は台詞の内容によって場の空気が緊張したり緩やかになったりする。

　私が興味を持ったのは、そういった大人と子どもの感受性の違いではなく、その両者が同居している客席の雰囲気だった。最前列を子ども優先席とし、その後ろに大人が座るというかたちの客席だったのだが、子どもたちが大笑いするシーンでは、後ろからその様子を大人たちが微笑ましく眺めている。また、ちょっと子どもには追いつかない大人のブラックユーモアが語られるとき、子どもたちは笑っている後ろの大人たちを振り返って、何がおもしろいのかと不思議そうな顔つきをしている。

　私たちはあるものを見るとき、人はそれをどう受け止めるのかということを常に考えてしまう。いや、自分の見方というものが果たして本当にあるのかどうかを疑って生きていると言ったほうが正しいのかもしれない。終演後の観客の感想で多かったのは、「子どもたちが喜んでいてうれしかった」「子どもが多い日はもっと反応がいいんでしょ」というような、自分が劇をどう見たかということではなく、子ども（架空の子どもも含めて）を通した劇との出会いについて語ったものだった。

生身の観客

　客席における大人と子ども相互の視線の行き来を見ると、演劇が舞台上のみで展開されるものではないということに気づかされる。今回の子ども劇では、客席の反応が舞台のある前方にのみ向かうのではなく、客席の間にもその道筋があった。

　このことで思い出したことがある。2012年5月にロンドンのグローブ座でシェイクスピア作品を上演する機会があった。シェイクスピアの生きていた時代の劇場を再現した特殊なつくりの劇場だ。平土間にあたる部分は400名もの立ち見客が入るスペースとなっていて、それを囲むように半円形にバルコニー席が3階まで建てられている。平土間部分には屋根がなく、見上げると天空が広がる。バルコニー席の観客は、舞台だけでなく平土間にいる観客を見下ろすことができる。反対に、立ち見の観客が空を見上げれば、バルコニー席に座る面々が必ず視野に入るといった具合である。つまり観客同士が「見られている」という意識で、劇を見る構造なのである。私の演出では、平土間の観客たちを劇の中に登場する民衆に見立て、俳優が直接観客に語りかけるシーンがあったのだが、観客自身が何かを演じているような雰囲気になったのは、とても豊かな演劇体験だった。

　「生」であることがしばしば演劇の特権として語られるが、それは必ずしも俳優が生身でそこにいるからではない。観客もまた生身でそこにいること、そのことに観客同士が気づいていることが演劇の醍醐味なのだ。

走り続ける1　駈込ミ訴へ

　京都に住むようになって、駅伝をよく見ることになった。見ると言っても、劇団のアトリエ近くの十字路が全国高校駅伝などのコースになっているからで、年に何回か選手が通り過ぎてゆくのを見るということだ。白川通りと今出川通りをカモシカのように音もたてずにかなりのスピードで走ってゆくその姿を見ると、普段見慣れた道路がなんとなく神聖な道になるから不思議だ。私がいつものスーパーで買い物をしてビニール袋を手にしていたらカモシカの集団が目の前を横切ってゆく。それはテレビで箱根駅伝やマラソンなどを見る感覚とはずいぶんと違っている。というのは、よっぽど注意しないと選手の顔も、どこの人かもほとんど何もわからないのだから。生で駅伝を見る者は大抵歩道に立ち、コースの横からしか選手の姿を見ることができない。テレビは特権だということがよくわかる。中継車はカメラを選手の正面に据えることを許されている。そして、箱根駅伝などは顕著な例だが、ラップタイムはもちろんのこと、選手の生い立ち、家族構成に至るまで、あらゆる情報、言い換えれば「物語」を付与することに躍起になる。これは何を意図してのことかと言えば、視聴者の「感情移入」であることは言うまでもない。もし選手の走る姿を横からしか放映しないのであれば、まったく印象が違ってくるだろう。まず、感情移入は起こりにくい。あっと言う間に横切ってゆくカモシカなのだから。

　走る選手を見ていて感じるリアリティは大きく言って二つある。目の前をあっと言う間に横切ってゆくことから生の儚さを感じること、はたまたテレビのように正面からその行為を見据え物語に没入

走り続ける1　駆込ミ訴へ

することであろう。前者は一瞬の出来事であるのに対して、後者は大袈裟に言えば、選手の一生に付き合うようなものだ。この二つのリアリティを演劇にできないかと考える。つまり、演技で走ってみてはどうかと。

　太宰治の短編に『駆込み訴え』という小説がある。商人であるユダがイエスを金で売るという、聖書を題材にした傑作だが、これを舞台化したとき、初めて演技で走るということをやった。タイトルから発想して、ひたすら走ってみようと思って始めたのだが、これが想像以上の成果を生み出したことは驚きだった。それまでの私の演出の手法は、俳優は客席に正対したまま劇中ほとんど動かないというものだった。「正面芝居」と名付けていたのだが、この作品では一転、1時間以上も走り続けることになった。走ると言っても、舞台奥から手前まで来てはまた下がってゆくという繰り返しが基本となった。観客がテレビで選手を見るように正面からその姿を見据えるという点では、正面芝居を踏襲していたと言ってもよい。

　ところで、稽古を始めたとき、いきなり問題が浮上した。そもそも駅伝やマラソンの選手はしゃべらないということを、私はすっかり忘れていた。走っている人間は、そう簡単にはしゃべらないのだ。せいぜい息づかいが聞こえるだけだろう。この当たり前のことに気がつくとき、これまでの演劇がそうそう簡単に走ることをしないのは当然だった。どうやって発語するのかという、言ってみればいつもの課題に直面し、それに加えて身体的には異常なほどの負荷がかかるというかなりハードな状態に追い込まれた。悲しいかな、俳優のほとんどが3日目には足腰に何らかの痛みを主張しはじめたが、そこは鬼監督を演じる私、笑って稽古を続行した。

　この作品は、ユダの独白が基調となっている文体で、ひとりの人間がずっと何かを訴えているのだが、私の演出では5人の俳優にそれぞれの台詞が適当に割り振られた。稽古の初期段階で何度も試

5

されたのは、それぞれが何かを言おうとしているのだが、結局は息づかいが荒くて何をしゃべっているのか判別できないということだ。やがて、集団で走っていると足並みのリズムがそろってくることがわかった。駅伝でもマラソンでも先頭グループが形成され、選手たちはスピードを調整し、伴走したり後ろに付いたりと駆け引きを行うわけだが、あれと同じような現象が生まれた。ひとりでなく集団の中でこそドラマが生まれるということ。そこで俳優がそれぞれ何かを口にしたとき、ある周期で漏れ聞こえる音が同調してゆくととたんに不気味な雰囲気になる。念仏のように聞こえるとでも言えばいいか、そうか、全員で同じことを言えば成立するのかもしれない、と考える。よく群読とか群唱というような言い方をするが、演劇では大抵は失敗に終わることが多い。どこか幼稚でダサいから。しかし、今回は走っていることが功を奏し、見ている方もリズムやテンポを共有しているので、ある程度の文章がすんなりと受け入れられることがわかった。一人語りの台詞は、複数の、しかし同じことを口にしている使徒たちが発しているかのように聞こえ、原作の雰囲気と一致してゆくことになったのである。群れをなす声たちが成立したと言えばいいか、聖書そのものが弟子たちによって語り継がれてきたテキストであるというそもそもの有り様が見えてくるような感覚を覚えた。

　さらなる発見は、全員がすべての台詞を同時に言うのではなく（というのは、すべてを一緒に発語するのはやっぱりそうは言ってもかっこ悪いのだった）ひとりがある文章を言うときに、語尾だけを全員で爆発的に同時に発語するという手法だった。「同調発狂」と名付けたこのやり方は、異常なおもしろさを生み出した。例えば次のような台詞では、「い」だけを全員で発語してみる。

　　ああ、我慢ならな<u>い</u>。堪忍ならな<u>い</u>。

地の文を声にする人間が指揮者のような立場にもなり、全員が同調して「い」と叫ぶことを導く役割を担うことになる。そして「い」だけを叫ぶ側は、この一語に感情のすべてを爆発させることで、その主従関係を超える瞬間が起こる。群れをなすことの意味とは、このような一瞬の声のアンサンブルの爆発によって成立する。もちろんそれは走っていることによって刻まれるリズムと息づかいや疲労が担保になっているのだ。

感情移入とは何か？　見ている者がある人物に自分を重ね合わせること、同化することだろう。その人物の置かれている状況、境遇などに共感しないとこの現象は起こらない。物語はそこに奉仕する。スポーツは、物語の代わりにルールを設ける。3対0、9回裏満塁、ツーアウト、ツーストライクスリーボール。ルールがわからない人にとっては、次の一球はまったく意味を持たない。つまり、野球という物語にも、ピッチャーやバッターにも感情移入はできないことになる。

しかし、走るという行為、これはそれほど複雑なドラマでもないし細かいルールもない。人より速く走ればいいだけだから。いやそれ以前に、自分自身との闘いであるかのように見えるから。なぜならば、人は野球はやったことはなくても走ったことは大抵ある。完走することも感動のうちに含まれる。野球をやっている人に、よく最後までやって負けたね、と褒める人はあまりいない。もちろん親類や友人がやっている場合が別なのは、その人との関係性があるからに過ぎない。それはルールとは別のところの情報である。走る姿が美しいと人が思うのは、ルールが単純であるということ、誰もが人生のアナロジー(類推)として想像しやすいからであろう。言い換えれば、死に向かってゆく様を縮図として見ているからにほかならない。通り過ぎたカモシカたちが、確実に死に向かっていることは間違いないのである。

人はなぜ走るのか？　また、走る人を見るのか？　「疲れ」が最もわかりやすいからかもしれない。疲れは、免れようのない人生のリアリティだから。必ずしもスポーツとして走る必要がないのは、人はそれぞれの速度で人生を走っているから。今、私はかなりロマンチックな言い方をしているけれども、『駈込ミ訴へ』を演出していると、物語の構造が一人語りというあまりにもシンプルなかたちだけにそのことがよくわかった。

　話を舞台に戻すとして、では、なぜ舞台で人は走らなければならないのか、と問うとき、ひとつの答えとして、舞台では普通に３歩以上は歩けないからである。もうひとつの答えとして、「物語」とは実はそれほどおもしろくないからである。まず、なぜ舞台では、普通に３歩以上は歩けないのだろうか。これはもちろん私の持論ではあるが、事実、そうだから仕方がないとも思っている。これを説明するのにどうすればいいのか少し困るほど、事実そうなのだ。想像して欲しい。舞台の端から登場した人が、３歩以上歩いたとしてどうするのだろうか。もちろん椅子に座るだろう。椅子までの距離が10歩必要だったとしたらどうだろうか。遠い。その10歩を観客は待てるだろうか。もちろん待てない。だから、３歩目で俳優は立ち止まる。誰かを呼ぶだろう。あるいはポケットから手紙でも出すだろう。椅子まであと７歩もある。手紙を読みながら３歩は行けるか。いずれ、その手紙に何か重大なことが書いてあるのを発見したふりでもしてまた立ち止まるだろう。椅子まであと４歩、どうすればいいのだろうか。遠い。この遠さはリアリズムへの不満と不安であることは言うまでもない。だからその代償としてリアリズムは、物語を提示することに躍起になる。つまり残りの４歩の演技で物語の説明をするしかないのである。慌てている私、恐怖を覚えている私、悲しい私。何でもいいがヒロイズムを武器に俳優は舞台をうろつく羽目になる。ここに安価な感情移入の押し売りが生

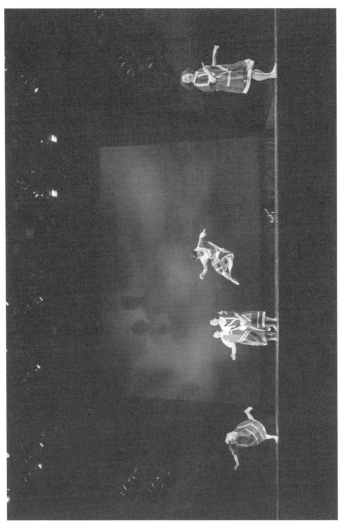

『駈込ミ訴ヘ』(撮影:橋本武彦)

まれる。

こうなるとそれを見ている観客には、二つの選択肢が残される。ひとつは寝る。もうひとつは物語を理解しようとがんばる。3歩以上無理な理由は、この物語を理解しようとしている時間自体が、実はおもしろくないからである。舞台を見ていて物語の理解に意識が行く時点で、観客はお勉強タイムを過ごすことになっている。隣で正直に寝ている観客を尻目に、あなたは真面目にがんばってしまうのである。物語を理解するなら家で、ひとりで本を読めば済むのだから。文学。あなただって今、客席で残りの4歩を埋めるために、わざわざかったるい説明など本当は聞きたくないわけだ。舞台で普通に3歩以上は歩けないということは、実は観客側の問題なのである。よくよく考えてみると、このことはリアリズムが発達した近代以前の演劇史に目を向ければ当然のことだろう。例えば日本の能をはじめとする古典芸能には必ず様式があり、1歩たりとも普通には歩いていない。先ほどから「普通」と言っているのは、「日常」と置き換えてもいいが、舞台において本来は、「日常」を行為しても仕方がないのである。近代以降、劇映画がリアリズム演技の主流となった。10歩先にあった椅子には、カット割りによって、もちろん3歩以内に到着できる。それどころか、3時間歩いたって行けない海にだって、1秒で行くことができるのだから。ここでは、無駄な歩みは必要ない。日常から必要な箇所だけが切り貼りされることになったのである。編集。舞台で走り続けることは、日常の時間感覚を逸脱しながら、永遠には続かない生の時間を逆手にとるというまた別の編集行為なのかもしれない。人はやがて死ぬということを演劇は限られた空間と時間の中で表現すると言ってよい。それが時空を超えずになんとか表現できたとき、リアリズムを昇華した掛け値なしの感情移入が誕生するのかもしれない。

さて、『駈込ミ訴へ』で成功した正面を見据えながら走るという

走り続ける1　駈込ミ訴へ

演技は、あえて躓きを入れたり、高々とジャンプしたり、あるいは無言で移動したりすることで、そのリズムやテンポを自在に操ることができた。この発見により、それまでの動かずに観客を見据える演技から飛躍的に広い空間を行ったり来たりすることが可能になった。ここにきて、もはや椅子すらも舞台には必要がなくなったのだ。そしてドストエフスキーの長編小説『悪霊』を演出することになったとき、この走る演技の次の段階を目指すことになった。ついにカモシカたちのあれをしたくなったのである。つまり正面ではなく舞台にトラックを設えて、観客は走る俳優の姿を横から見ることに挑戦したのである。もちろん難題。一瞬の生の儚さを舞台で実現できるのだろうか。

走り続ける2　悪霊

　たしかナボコフだったか、ドストエフスキーは劇作家になったらすばらしかったのに、と言ったらしい。これはあながち的外れでもない。なぜなら、あの長編小説を支えているのは丹念な人物造形と何よりカギカッコに括られた登場人物たちの会話だからだ。ちなみに戯曲の場合は普通、カギカッコの連続で、それをひとまとめに「台詞」と呼んでいるわけだ。ではドストエフスキーのカギカッコは台詞なのだろうか、と考える。少し違うような気がする。仮にカギカッコだけを全部抜き出して並べたところで、その作品が戯曲として成り立つことにはならないだろう。なぜならば、小説は地の文章が基調としてあって、その流れのうちにカギカッコが置かれているのだから、そもそも戯曲とは異なっていると考えなければならない。戯曲では、地の文章がカギカッコなのであって、それ以外の文章、例えばト書きなどは舞台の設えや登場人物の行動などが説明されているのが普通で、そこに文学的な何かを読み取ることはあまりしないだろう。戯曲がその言葉の根拠を台詞そのものに見出す作業であるのに対して、小説の場合は地の文章が台詞的なるものを導くと考えられる。小説のカギカッコと戯曲の台詞とでは、同じ会話のように読めたとしても、作中における機能がまったく違っているということになる。

　私はドストエフスキーのあの長編小説を読むたびに、ああ、もっと短くならないものか、と弱気になり、はたまた、ああ、これだけの説明をくどくどと続ける体力は並々ならぬ思想だな、などと途中で投げ出しそうになり、負けてなるものかと根性で読破しては、そ

の達成感に酔ってみたりしてきた。文学青年。いずれ、ドストエフスキーという名の響きに、私たちは「THE 小説」を感じているわけで、多かれ少なかれ、この読書がある種の修業であることを文学かぶれでなくとも経験してきただろう。世界を牽引してきたロシア文学の頂点に君臨する作家。その小説を演劇、つまり台詞にするということはどういうことなのか。ただ単にカギカッコを羅列してもうまくいくはずがない。そんなことを『悪霊』を舞台化したときに考えさせられたし、これから先も台詞とは何かをめぐって、小説と戯曲のことは、演劇の可能性、あるいは失敗の罠として考え続ける問題だろう。

　さて、『悪霊』は、秘密結社に起こった実際の殺人事件をモチーフに書かれた若者たちの群像劇と言ってよい。ロシアに新しい思想とそのシンボルとなる教祖的存在を見出そうとして自滅してゆく集団の姿は、ドストエフスキーの国家論あるいは宗教論として捉えることもできる。この小説で何より魅力的なのは、登場人物たちの恋愛と信仰があまりにも不幸だということ。シャートフという若い青年とマリイの妊娠。ワルワーラ夫人とステパン氏の顛末。リーザの撲殺とスタヴローギンの自殺。さらにはキリーロフの発狂……。登場人物たちを挙げれば挙げるほど、物語はこれでもかとふくらみ続ける。特徴的なのは、語り部であるＧという人物が（ドストエフスキー本人と考えてよい）小説の中に登場人物として入り込み、会話する構造だ。読者は、フィクションとノンフィクションの間を意識することになる。

　いずれ、ドストエフスキーの長編小説群に、近代文学のひとつの結晶を見ると言っても決して大袈裟ではないだろう。余談だが、チェーホフは、だから短編小説をたくさん書いたのだった。上の世代でやられた小説があんなにすごいわけだから、つまり思想がありその探求は長大なのだから、まともに闘っては勝ち目がないことをよ

くわかっていたのだろう。ついにチェーホフが長編に着手するとき、それは小説ではなく戯曲だった。もしドストエフスキーが劇作家だったらすばらしいという夢想(それはドストエフスキー本人にとってはきっと無理な注文だったろうが)、それを代わりに見事やってのけたのがチェーホフだったことになる。

　ところで実際問題、この台詞ではないドストエフスキーの言葉をどのように舞台にのせるのか。『悪霊』の最初のページにはプーシキンの詩がエピグラフ(題辞)として表記されている。

　　どうあがいても　わだちは見えぬ、
　　道踏み迷うたぞ　なんとしょう？
　　悪霊めに憑かれて　荒野のなかを、
　　堂々めぐりする羽目か。
　　……………………………
　　あまたの悪霊めは　どこへといそぐ、
　　なんとて悲しく歌うたう？
　　かまどの神の葬いか、
　　それとも魔女の嫁入りか？
　　　　　　　　　　　A. プーシキン

　　　　　　　　　　　　　　　　　　　　　　(江川卓訳)

　稽古のはじめは、トラック競技のような楕円のコースをひたすら走った。その際、この詩を呪文のように唱えることから始めた。ドストエフスキーがこの作品を書く上で、通奏低音として響いているはずのこの詩を、演技を考える上でも同じくベースにしたと言ってよい。この詩は、もちろん台詞ではない。しかし、小説のカギカッコをいきなり口にしなければならない理由もないわけだから、まさに作家の思想の入り口の部分を劇の入り口にしてみたということに

なるだろう。俳優のひとりが部活動で掛け声をかけるかのごとく、走るリズムに合わせて声を出している。もちろん正確に聞き取れるわけではないので、印象としては、音が響いている感じ。

　　どう、どう、どう、道、ぞ　ぞ　ぞ、なん　なんとしょう？
　　堂、堂、堂、羽目か。ど、ど、ど、なん、なん、なん、
　　Ａ、Ａ、Ａ、プーシキン、プーシキン

　ぐるぐると走り回る俳優の姿を見ているうちに、やがてひとつの欲求が生まれる。ストップして欲しい。立ち止まれば、何を言っているのかわかるかもしれないと期待するということだ。実際に立ち止まると息づかいの中に、かろうじて意味をなす言葉が、漏れてくる。

　　……あがいても……見えぬ……道踏み迷うたぞ……憑かれて
　　……荒野の……めぐり。どこへといそぐ、……悲し……うた
　　う？　……神の……

　この程度まで判別できてくると、また走って欲しいという衝動が生じる。つまりストップ・アンド・ゴーの繰り返しの中で、言葉が聞こえたり聞こえなかったりすることがスリルとして感じられるようになる。
　人は、走っている最中にはしゃべらないのだが、果たして、しゃべらないだけではなく、実はあまり思考していないのではないかということが、このストップ・アンド・ゴーの稽古をしているとわかってくる。走っているとき、号令のような掛け声がふさわしいのは、つまり数字を数える程度しか頭も働いていないということだ。止まった瞬間にこぼれるように言葉が意味をなして発語できるのは、体

の負担が少なくなったからである。これはやっている方も、見ている方も自然な現象として腑に落ちる。京都のアトリエの前の道路を駅伝選手がカモシカのごとく走り去るのを見ていてこのストップへの衝動が起こらなかったのは、目の前を通過する選手たちはどこかに行ってしまうからだが、実はあの選手たちは、あまり物事を考えていなかったからだと断言してよい。せいぜいラップタイムを気にかけたり、まわりの声援を聞いたりしているだけで、当たり前だがそこに思考や思想はない。これを無心と呼ぶのだとして、だからカモシカ、つまり動物のように見えるのはそういうことだった。

　ここで、問題。私は今、選手たちをいわゆる馬鹿扱いしたわけだが、舞台を走っている俳優は言葉を持っているからといって馬鹿ではないのか、と考える。残念ながら、馬鹿の方が美しいということが往々にして起こる。つまり無心の方が見る者を惹き付けることが多い。だから、言葉を持つということは、人間が動物の美しさに対抗するには不利なことだとまずは考えなければならない。これは致し方ない現実だという気づきが、走る演技をやってみての一番の収穫だと言ってよいかもしれない。我々人間は、馬鹿にはかなわないと実感する。俳優が「どう、どう、どう、」と息を切らして言葉にならない音を発しているとき、それは聖なる馬鹿なのである。近所の道が聖なる道に見えたのも、結局は動物的な馬鹿、カモシカのおかげなのである。走る俳優たちが、この馬鹿と言葉の間でストップ・アンド・ゴーをくりかえすのは、スポーツと違ってゴールが簡単には見つからない状態であり、それを探している最中なのだと言ってよい。つまりどこにも辿り着けない姿がそこにあり、プーシキンの詩にあるようにぐるぐると「堂々めぐりする羽目」であり、「あまたの悪霊め」が「どこへといそぐ」光景なのだ。そのとき、ひとりがストップしてわずかの時間考える、それと入れ違いに他のひとりがまた走り出すということが起こり、ある種の感動を覚える

16

のだ。もう一度スポーツを引き合いに出せば、これはリレー競技が
そうであるように、バトンが引き継がれていくことに近いし、さら
には駅伝でのタスキを渡す中継地点にドラマがあるのと同じことか
もしれない。

　太宰治の『トカトントン』という短編の中に、駅伝を見物して感
動するというくだりがある。

　　　ただ、走ってみたいのです。無報酬の行為です。幼時の危い木
　　　登りには、まだ柿の実を取って食おうという慾がありましたが、
　　　このいのちがけのマラソンには、それさえありません。ほとん
　　　ど虚無の情熱だと思いました。それが、その時の私の空虚な気
　　　分にぴったり合ってしまったのです。

　敗戦してまもなく、青森に暮らす主人公が何かに打ち込もうとす
るたびに、玉音放送の直後に聞いたトカトントンという音が聞こえ
てきて、無気力に引き戻されてしまうという話だが、主人公が勤め
る郵便局の近所が駅伝の中継地点となって、そのときに走る選手の
姿を見たときの感慨を描いている場面だ。駅伝でそのドラマが盛り
上がるのはゴールの瞬間よりも、タスキを繋ぐあのシーンだという
のは、それを渡す者と受け取る者の生死が入れ替わるからで、太宰
は見事にそこを摑んでいる。主人公はその引き継ぎの場面を目撃し
て感動するのだが、やがてまたトカトントンという音を聞いて虚無
に陥ってしまう。

　『悪霊』の稽古をしていて、舞台に設えたトラックは、この中継
地点の連続みたいなものだと思った。任意に誰かがストップする。
他の者にすぐ追い抜かれる。今度は誰かが倒れ込むとする。ストッ
プしていた者が、それを見てまた走り出す。このようにバリエーシ
ョンがいくつかできあがっていったとき、この劇の基本構造がわか

ってゆく。ここにきて、ようやく小説の言葉は、舞台独自の「台詞」となる。プーシキンの詩がベースにある思想だとして、その上にカギカッコの言葉が挿入されてゆく。叫ぶ人間は、息切れとともに走ることを中断せざるを得なくなり、倒れ込みながらなけなしの言葉を吐き出して沈黙してゆく。別の人間がそれを嘲笑うかのように再び走り出すとき、小説の地の文章を一言、口にしたりもする。

　　キリーロフは黙っていた。ニコライ・スタヴローギンはにやりとした。

　情景描写でしかないこのような言葉も、その人物を尻目に発語の根拠を見つける者がいたら、まぎれもない台詞となる。次のような文章だって誰かが倒れるのを目撃しさえすれば、絶叫したってかまわない。

　　諸国民を組織し、動かしているのは、命令的で支配的な別の力であるが、この力の起源は不明であり、説明不可能である。

　こうして舞台ではぐるぐるとあの長編小説の世界が涯なく回りはじめるのだが、すると当然、例外が欲しくなる。逆走である。太宰は走ることを「無報酬の行為」と言ったが、「人はなぜ走るのか」という問いが「人はなぜ生きるのか」と同義だとすれば、この逆走はまさに「人はなぜ死ぬのか」という問いに取って代わる。『悪霊』の世界で、壮大なロシアの大地を奔走する登場人物たちは、まさに死に急いでいるようにも感じる。それは「無報酬の行為」では到底あり得ない。政治的であり逆襲、魂胆、野心といったものが渦巻いている。人が走らざるを得ないときがあるとしたら、それは真っ先に逃げるときだろう。『悪霊』の人物たちは、テロ、いや失敬、革

18

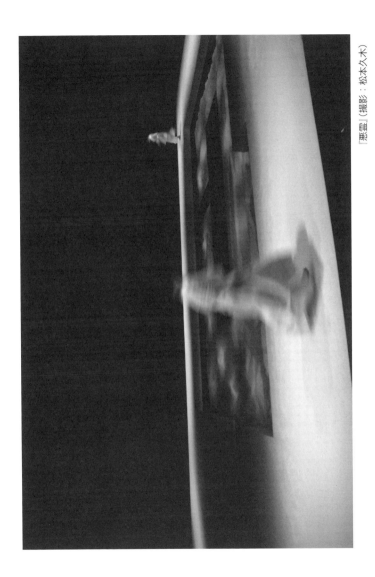

『悪靈』(撮影：松本久木)

命のために走っているが、それはもしかしたら何かから逃げている
からなのかもしれない。ドストエフスキーはそれをニヒリズムと言
った。信仰をめぐって人々が奔走するドラマはこうして、逃走とい
う新たなモチーフを得て演劇となった。

　舞台は横長のパノラマ。観客は首を左右に動かさないとすべてを
視野に収めることができない。目の前を通り過ぎてゆく俳優がかな
り遠くに去ってゆく。やがてまた1周して戻ってくる。観客は従
来の客席からの眺めとは違った経験をすることになった。俳優たち
が走り回るトラックの内側には、深さ1メートルほどの横長の窪
地がある。半地下のようなその窪地にいる人間は上半身しか見えな
い。そしてこの舞台で画期的に成功したのが、雪だった。舞台はす
べて白一色なのだが、そこに雪が降り続けるという仕掛けだ。雪は
細かい発砲スチロールの粒を用いたのだが、走ってくる俳優たちが
起こす風によって粉雪が舞うように床に滑り積もる様が、あまりに
も神秘的に見えたのはラッキーだった。見せ場のシーンで雪が降る
効果は舞台ではよく使われるが、この劇では、雪がやんでいるシー
ンの方が少ないことにした。走り続けることと雪が降り続けること
がこの舞台での時間の基本だから、まったく誰も動かないことの方
が少ないのだとすれば、晴れているとき、つまり雪がやんでいると
きの方が特別だと考えた。吹雪の中を走り回る馬鹿どもたちは、殺
人を、陰謀を、革命を、ひた隠しに逆走をくりかえした。全員で逆
走すればそれは逆ではなくなった。これ以上のランナーの哀しみは
ないだろう。めずらしく演劇がスポーツに勝った瞬間だった。

　友人があるときこっそりと私に言った。「ここ数年、選挙のあ
とは街ですれ違う人はもちろん、目の前の知っている奴までも
憎たらしくてしょうがなくなる」。彼には、選挙結果が自分の
思うのとはかけ離れていることに加えて、だいたい投票率が低

いことも憎たらしいらしい。「目の前の知っている奴」である
私までも憎たらしいと思われているのかもしれないと思ったら、
彼の顔を見るのをちょっと躊躇したことを覚えている。しかし、
私もそうだったが人はだいたいがこういう時、「俺もそう思う」
と言うだろう。なぜならば、相手はそもそも同意を求めるから
こそ、それが許されていると思うからこそ、このような告白を
口にしているのだから。何よりも彼は私にとっていい奴で、愛
すべき人間だ。他愛のない世間話だが、話題が選挙だけに、ひ
と昔前だと私と友人は、「同志」ということになる。気がつい
たら「共闘」している。しかし、所詮、彼の顔を見るのに躊躇
したくらいの私だから、やがて彼の疑心を招くだろう。それが
誤解かもしれないのに、こんなにいい奴だと思っているのに、
今でも愛しているのに、裏切りはやってくる。「挫折」だ。私
たちはすでに妄想の中で挫折している。およそ150年前のロ
シアでこの妄想に取り憑かれた人々がいる。彼らは私の友人だ。
当然、私は彼らの顔を正面から見ることができない。この大き
な躊躇が私の『悪霊』なのです。

（三浦基、初演時パンフレット）

　一瞬の生の儚さは、正面からは来なかった。チラ見するしかない
ものだった。人の目を見て話すことを人間は行儀として覚える。し
かし、大抵、私たちはよそ見をしている。大事な時ほどそうかもし
れない。行儀のいい芝居は、だから嘘くさい。走り続けるのを見る
ことは、むしろリアルなのだった。正面をきらない芝居は、大変な
リスクを抱えていることに変わりはないが、実は、新たなリアリズ
ム演劇だと言ってよいはずだ。このリアリズムに観客は気がついた
ばかりだ。

　走り続ける、しかない。

覚えられない台詞
──イェリネク『スポーツ劇』の稽古場で考える

「台詞が覚えられない」。これが、私の学生時代の思い出だ。演劇を専攻する大学生が最も苦しみ、あるいは最もさぼるのがこのことだろう。台詞をどうやって覚えるのかということは、まずぶつかる壁である。舞台の袖で台詞を覚えていないのに、自分の出番がやってくるというあれは、俳優の普遍的悪夢である。私もその恐怖の中にいた。ほどなく演出家になってみるとあの夢は見なくなったのだから、よっぽどの強迫観念だったのだろう。

なぜに、そこまで台詞を覚えることが難しかったのか、あるいは面倒だったのか。全部、スタニスラフスキー・システムのせいだと思う。近代劇の礎を築いた演技術、あれが問題だった。そしてそれはまだ解けていない問題なのだろう。なぜならば、今日、テレビをつければ、「役づくり」「役を生きる」「役になりきる」という言葉を誰もが疑いなく口にしているのだから。近代劇の演技メソッドは、やがて映画演技へ引き継がれ、ハリウッドを頂点とする一大物語産業のエンジンとなった。目を細めてタバコを吹かし、宙を見つめて沈黙すればスターになれる。台詞は短いほうがいい。人生、そんなにおしゃべりでは嘘くさい。そう、俳優にとって大事なことは、実人生と役の人生を重ね合わせること。いや、そんなケチ臭いことではなく、役そのものが自分の人生であり、役を自然のうちに振る舞えれば、超越的存在、俳優になれる。俳優は、本番では方法論すら忘れなければならない。自然の状態、彼はこれに慣れなければならない。リアリティ。ここにいる〈俺〉こそがリアルな存在だ。真実。〈俺〉が目を細めれば世界が見える。

アホか、と思った。無理がある、と学生の私は思った。そう思ってしまった人間は絶対にスターになれない。俳優になれない。どうも修業がなってないらしい。だからハムレットの台詞をうまく言えない。

「君の演技はもっと感情が自然と湧いてくるようにならないとダメなんだよ。」

「君の演技はどうも臭いんだよなぁ、もっと普通でいいんだよ。」

「君の演技にはリアリティがないなぁ。もっと人間観察が必要だよ。」

スタニスラフスキー・システムは俳優を「教育」する。そして私は教室で怖ず怖ずと台詞をとちる。ナルシシズムを疑う俳優の卵がいくら目を細めても、世界はぼんやりと霞んでいるだけだった。

「台詞が覚えられない」。ああ、生きるべきか死ぬべきか、それがそんなに問題なのか、先生。そう、私のぼんやりした視界の先には、演出家の先生が座っている。先生の表情はよくわからない。いや、見たくもないから目を細める。だから目を細める意味からしてもう間違っている。目を大きく見開けば、その先生の後ろに本当にスタニスラフスキー大先生がいらっしゃるのですか？ と、たまに自問する。『俳優修業』。手前に座っている先生、悪いけどあなたよりも私の方が、きっと大先生の本を読み込んでいると思います。大先生は、95 パーセントの技術と残り 5 パーセントの自然とはっきりおっしゃっています。今、私が知りたいのは、その大部分を占める技術についてなのです。残念ながら私は、役づくりの引き合いに出すほど人生をまだ経験していませんから。祖父の葬式も出なかったから、思い出す涙のサンプルもあるのやらないのやらわからないほどの未熟者に、リアリティを問わないでください。自然とは、誰にとっての自然なのですか？　大先生は真実の境地だと言っているので、あまり相手にしてはいけません。いや、失礼。そりゃ、きっとある

んでしょ、ロシアには。それよりも手前の先生、あなたは本当に経験したんですね。優しさの真実、苦しみの真実、愛の真実を。嘘をつくのはやめろ。惨めな教条主義者よ。何が、真実だ。何がリアリティだ。何が「我あり」だ。

　　犠牲者　どうして、私たちが全員、有名になるというわけにはいかないのでしょうか。そういうわけにはいかないのは、人間たちがあまりにも多様であり、全員に行きわたるには、あまりにも少ない多様性しかないからなのです。

（津崎正行訳）

　『スポーツ劇』という戯曲で、イェリネクが書いたこの台詞の意味を考えていたら、スタニスラフスキーを持ち出す羽目になり、今さら、リアリズム演劇批判を書くことになろうとは。しかし、まだまだ序の口なのだ。先生、いや大先生、続けますよ。あのシステムが何だったのかについて、よくよく考える必要がある。イェリネクのことはまた後ほど。

　〈俺〉はハムレットだ、と思い込むにはそれなりの戦略がいる。まず〈俺〉は、ハムレットの性格を分析する。〈彼〉の行動を〈俺〉がイメージする。もしハムレットだったら目の前にいる〈おまえ〉をどのように見つめるのかを〈俺〉は考える。母の裏切りを俳優である俺は知っているが、〈彼〉はまだ知らない。ハムレットの〈俺〉、気をつけろ。母は、〈俺〉の目の前で泣いているが、それは嘘かもしれないぜ。目を細めろ。母の本心を見抜け。亡き父を思い出すのだ。端から見れば、〈俺〉は気狂いなんだろう。よし、それではピエロで結構、道化を演じるまでだ。
　これは、俳優である〈俺〉が、なんとか〈彼〉として成立するための

24

捏造である。物語と自分の母親を引き合いに、〈俺〉はやがて、捏造された〈彼〉となる。「役づくり」はこうして完結する。しかし、誰がどう見ても〈彼〉はハムレットではない。だから演技はあくまでフィクションだ、という言い逃れを持ち出す。誰が？　当の〈俺〉がそう言ってしまうとちょっとまずいから、そこは捏造を完遂する、知らないふりをする。だって〈俺〉はスターだから。では、誰がフィクションを逃げ場にするのか。観客である。フィクションの中にこそ、真実があると信じようとする。〈彼〉を疑似崇拝する。〈彼〉がボロを出さなければうれしい。こうしてファン現象が始まる。フィクションは、やがて権威化された物語として〈彼〉を疑いのない存在へと導く。古典依存。ファンはますます楽になる。〈彼〉はハムレットだ。ハムレットこそ〈彼〉だ。疑似崇拝は、やがて本物の信仰になる。ナルシストは誰か？　〈俺〉は神じゃない。神を信じたのは君の方だろ？　こうして〈彼〉はますます君たちによって育てられる。〈彼〉はボロを出さない。やがて捏造したことすら忘れられる。大自然完成。ブラヴォー。

　スタニスラフスキーの時代にスターやファンがこうして量産されたわけではない。もう少し素朴だった。やがて映画産業によってこのシステムは増大した。アメリカの資本主義は偶像を生み出すことに成功した。一神教的精神のメカニズムによってリアリズム演技があったことは確かである。目を細めて見える世界を誰が見ているのかといえば、〈彼〉であった。〈彼〉は周囲の環境を気にする必要はなかった。第四の壁を設えるよりも、カメラ越しに覗き見たほうがより明確に〈彼〉を生かすことに成功した。

　スタニスラフスキー・システムが映画演技の基礎としてもてはやされたことは、皮肉にも演劇の終焉を招いてしまった。なぜならば、演技者の眼前には本来観客がいるはずだった。モスクワ芸術座で主人公が幕切れで自殺をする。客席の異様な雰囲気を察知した当時の

プロデューサーは、カーテンコールをする前に観客にこう説明した。「みなさん、大丈夫です。トレープレフ君は生きています。なぜならば、明日も本番がありますから」。これはチェーホフ『かもめ』の成功を伝える有名な笑い話であるが、今となっては笑えまい。もし、この作品が映画だったら、私たち観客は涙のうちに帰宅する。フィクションは持続している。〈彼〉は死んだままなのだ。たとえ〈彼〉がテレビコマーシャルに出演していようが、それはそれ。本物の〈彼〉は私の中にいる。かつて王女メディアは、目を細めて戦争を見た。観客は彼女を通して世界を見た。ギリシャ悲劇に登場するこの王女の名前は、そのまま今日にも残って「媒体」を意味する。私たちは今、メディアを通して何を見る？　自惚れたハムレットしかいない。〈彼〉はかっこいい？　〈彼〉の嘘もかわいい？　私たちのリアリティはこんなものに成り下がった。俳優を見つめる目線はいつの間にか消滅した。

　先生、あなたの言う自然とは、感情移入できるものを恣意的に選んだ結果の自然なのです。大先生、切実な人間はハムレットではなくなりました。ハムレットは機械にかけられて、薄っぺらになりました。

　　わたしはかつてハムレットだった。

とはハイナー・ミュラーの『ハムレット・マシーン』の冒頭の台詞です。これなら俳優の卵もとちらずに言えるかもしれません。だってもし私が死んでいるなら、嘘でも何でも言えますよ。やけくそです。
　観客のみなさん、19世紀は終わりました。フィクションを信じてはいけません。すがるのはよろしい。しかし、芸術は宗教ではな

『スポーツ劇』(撮影:松見拓也)

いのです。日本では芸能と言って曖昧にしますね。もう私たちに「役」はないのです。王子の苦悩にも、本当は感情移入できないのではありませんか。みなさん。あの捏造に付き合うのはダサいと気がついているはずですよ。そのとき、イェリネクは例えば、「犠牲者」という役名をつけるのです。私たちの捏造をこの劇作家は見事に暴きます。イェリネクの戯曲が難解ですって？　当たり前です。真実なんてないという真実を暴こうとしているからです。嘘で武装した観客をついに標的にしたからです。彼女の書いた開けっぴろげな言葉は、これまでの常識を無視しています。だからこの作家の台詞は本当に覚えられません。意味では覚えられないからです。感情と情報が錯綜しているからです。爽快です。俳優は、役づくりなんかできない。そもそも誰でもないんですから。これはノンフィクションなのです。ただ言葉のかたまりを正確に暗記する。そういう演劇がついに到来したのです。

　スポーツ選手　まあ、いいさ。よろめきながら、歩きつづけようじゃないか。他人の身体がもつれ合っている中へと。ようやく、俺たちは新聞のヘッドラインを飾る。結局のところ、人間は誰でも個人としては、それなりに人がいいんだ。どれくらい人がいいかといえば、たとえば、ちょうど窓を開けて、自分の代理人であるテレビの形をしたゴミをまるごと、窓から投げ捨てるやつと同じくらいだ。あるいは、ちょうどその下を歩いている誰かと同じくらいだ。フィールドを越えて吹いてきた風に直撃される誰かと同じくらいだ。何だって、俺の言うことが信じられないっていうのか。どちらも、俺の身に実際に起ったことだ。物のたとえなんかではないんだ。お前に言っておくけれどな、ただ人助けをしたい一心の消防士だって、

自分が消火活動を行うべき火災現場を、攻撃目標とみな
　　しているんだ。

　最後に、スタニスラフスキー大先生の名誉のために、『芸術にお
けるわが生涯』から引用します。

　　現代の演劇革命の悲劇は、その革命の劇作家がまだ出現してい
　　ないことにある。(中略)現代人の心とその生活を天才的に描き
　　出す戯曲が現われるなら(中略)すべての俳優、演出家、観客は
　　それにとびつき、その内に潜む精神的本質をもっとも鮮明に具
　　象化する方法を探究するだろう。

　　　　　　　　　　　　　　　　　　　　　　　　（岩田貴訳）

悲劇だった。

　演出をやりはじめた頃は、その戯曲が悲劇か喜劇かということを考えたこともなかった。せいぜい明るいとか暗いとかその程度の雰囲気で戯曲を眺めていたと思う。駆け出しの頃演出していたのは、悲劇と喜劇の別を明らかにしない日本の現代戯曲が主だったから、ということもあるかもしれない。現代において悲劇はすでに終焉した、と聞きかじっていたせいもあったのだろう。

　私が近代の戯曲を初めて演出したのはチェーホフの『三人姉妹』だったが、その時も、目の前にある100年以上前の言葉への距離を埋めることに夢中で、この問題を意識することはなかった。やがて同じくチェーホフの『かもめ』や『桜の園』に手を伸ばしていったとき、作家自身がこれらの戯曲を悲劇ではなく喜劇だと言っていること、それが歴史的にも有名な論争であったことに触れるにつけ、私もようやく、これはどうしたことだと少し考えるようになった。しかし、チェーホフの戯曲は、悲劇的にも喜劇的にも読むことができるわけだし、結局、それをどのように読むか、どこに焦点を合わせるか次第でどちらでもよいと思った。むしろそのどちらでもないことの方が正しい気すらしていた。私の演出は早いテンポを意識しており、チェーホフが軽い雰囲気を重視したように、つとめて喜劇的なものになっていたとは思う。つまり、どんよりと暗い告白を聞くよりは、右左もよくわかっておらず、振り回されている人間が叫んでいるのを見るほうが、滑稽で笑えるし、そこに可笑しみも哀しみもあってそれこそ泣けるわけだから、それを喜劇と呼ぶのだろうな、と思っていた。

悲劇だった。

　ところが、縁あってシェイクスピアを演出することになったら、私のこの程度の認識では演出できないことを知ることになった。450年以上前の言葉は、いくら現代語訳を使用して理解できないことがなくなったとしても、何かが違った。はっきり言っておもしろいとは思えなかった。これが古典と現代を隔てる壁かと思った。

　初めて演出したシェイクスピア作品は『コリオレイナス』で、この戯曲はシェイクスピアが書いた最後の悲劇といわれるものだった。シェイクスピア戯曲は、悲劇と喜劇、そして史劇に分類される。『コリオレイナス』は、悲劇の中で最後となった戯曲だということを知れば、そもそも悲劇とは何か、喜劇とは何が違うのか、ということをついに考えなければならないことになった。仕方がないので、改めて悲劇の傑作といわれる『ハムレット』を真面目に読み返してみると、驚くべきことにこれもおもしろいとは思えなかった。正確には、何が問題なのかわからない、いや、どうでもいい問題なのではないかということを感じた。「生きるべきか死ぬべきか、それが問題だ」と本気で悩むことのできる人間は相当の自惚れ屋だと思った。そう思ってしまう現代人は、『ハムレット』をどうやって見ればいいのか。演出は問われる。私自身、この王子の抱える問題がどうでもいいと思ってしまう以上、これは大変な捏造をしない限り持たないと感じた。『コリオレイナス』という破天荒な将軍の物語にも、ハムレットの事情よりは複雑に入り組んではいる物語だが、要は同じ「持たなさ」を感じた。後に縁あってこれも悲劇の『ロミオとジュリエット』を演出することになったときも同様だった。喜劇である『夏の夜の夢』の方がまだましかもしれないな、と思ったりもした。

　シェイクスピアの悪口を言いたいのではない。なぜ、悲劇は持たないのか、シェイクスピア劇を通して学んでしまったと言いたいのかもしれない。

さて、シェイスクピアの 40 近くある戯曲のタイトルを眺めれば、ある単純なことに気がつく。人名がタイトルの場合が悲劇、それ以外が喜劇の確率が高いということだ。もちろん史劇もあるからタイトルが人名かどうかだけで悲劇か喜劇かを判断することはできず、あくまで確率が高いということだが。例えば、チェーホフの場合、四大戯曲と呼ばれる作品の中で登場人物の名を冠したものは『ワーニャ伯父さん』だけだ。しかしそれにしたって、あれはソーニャという姪にとっての伯父さんの名前がワーニャであるという、ある特定の人物の目線から眺めたある特定の人物が両者の関係性も含めてタイトルになっているというややこしいタイトルでもあるのだ。もし、『ロミオとジュリエット』よろしく『ワーニャとソーニャ』というタイトルならば、堂々と悲劇と言ってよかったかもしれない。だが、チェーホフはそうしなかった。自分が書いた戯曲は、ほぼすべてが喜劇だとチェーホフが主張したことは様々なエピソードから知られているが、『かもめ』と『桜の園』に至ってはわざわざ喜劇と銘打つなど、一体なぜ、悲劇じゃそんなにダメなのか、とそれこそ喜劇的に笑ってごまかしたいほどだ。

　『ワーニャ伯父さん』にはタイトルに続けて、「田園生活の情景四幕」とある。『ワーニャ伯父さん』が悲劇でないことは、シェイクスピアの『リチャード三世』が悲劇ではなく史劇とあることと似ている。「伯父さん」や「三世」が人名に付与されるのは、そう呼ぶ側の人間の方に主体性が傾いているということなのだろう。姪や民衆から見た人物は名前そのものがタイトルの人間と比べて、相対化された人間であり、自ら名を名乗る「マイネーム」に溺れるのではない、何らかの距離を明示していると言ってよい。

　つまり、悲劇とは、そのタイトルの名を持つ人間が、マイネームがなぜマイネームなのか苦悩することが許される世界だと言える。もちろんワーニャには、それが許されない。ワーニャを、唯一無二

悲劇だった。

の英雄だと考えるのはどんなにがんばっても無理な話。ワーニャのような愚痴っぽい中年男はどこにでもいるのだし、当の彼が、

　　おれだって、腕もあれば頭もある、男らしい人間なんだ。……
　　もしおれがまともに暮らしてきたら、ショーペンハウエルにも、
　　ドストエーフスキイにも、なれたかもしれないんだ。……ちえ
　　っ、なにをくだらん！　ああ、気がちがいそうだ。

（神西清訳）

と叫ぶとき、観客は笑うしかない。彼にとっても「生きるべきか死ぬべきか、それが問題」なのに違いはないが、まわりの人間が苦悩する彼に呆れているのだから、この問題を王子ハムレットが抱える国家や血族をめぐる葛藤というところまで引き上げることは、誰一人できない。ここに悲劇の終焉を見る、と言えば大袈裟かもしれないが、この感覚はとてもまともなものだし、英雄になることができない我々の悲哀というものをワーニャが抱えていることはむしろ美しいとすら言ってよいのだ。ハムレットを演じる俳優は、美男子でなければならないのは、ワーニャの美しさにはかなわない裏返しであり、まさに見せかけの美で対抗するしかないのではないか。ジュリエットも同様の美で闘うしかないことは、名家の娘という身分の人物の苦悩を引き受ける理由が今日の観客には到底持てないからだ。もし持てるのだとすれば、もはやそれは後ろめたさあるいは憧れという代物でしかない。これが近代以降のドラマを見つめる観客の現実なのだろう。百歩譲って劇はフィクションであるのだから、自惚れが許される世界が仮にあるのだとしても、しかしそれは悲劇でも何でもない。後ろめたさの美、階級に対する無防備な憧れのなせる業で、もはや演劇ですらない。ファン現象。
　もう一度、悲劇とは何かを問う。タイトルが名前であること。マ

イネームの人物が世界を背負うこと。そして肝心なのは、その世界を観客が疑わないこと。これらの条件がそろったときに、ようやく悲劇は成立する。そして大抵の悲劇では、王や将軍、妃、王子、姫などの取り替え交換不可能な英雄たちが翻弄される。このように限定された人々を弄ぶ仕掛けとしてドラマを押し進める道具が「運命」となる。運命がその力を一番わかりやすく誇示できるのは、死。だから、悲劇では人がよく死ぬ。観客がその死に感情移入することができれば、万事オッケー、泣けばいい。ここで注意しなくてはならないのは、観客は悲しいから泣くのではないということ。万事オッケーの揺るぎない世界に安心しているから泣けるのである。そのとき、もしも世界を信じることに疑いが生じれば、感情はそう簡単に処理されない。浄化作用とは、神の名の下に、あるいは絶対君主制などの強い支配力の下に発揮されるという皮肉。当然、神の死んだ近代以降、我々は別の世界に生きていると考えなければならない。世界という言い方を、「状況」と言い換えたら的が絞れるかもしれない。端的に言って、シェイクスピアの時代と近代そして現代は「状況」が異なる。この違いに目を向けずして、悲劇をどう扱うのか、どう見るのかということは始められない。

　もちろん普遍性ということがある。いつどんな時代でも人間は……、ってやつだが、しかし、演劇は普遍性をこそ厳しく監査する行為である。絶対の人間が存在できない、人類平等を謳う社会において、王や将軍、妃、王子、姫たちの苦悩に耳を傾けることは可能なのか？　今日でも人間は変わらないと信じるのはよろしい。そんな絶望が悲劇を擁護しても、結局は時代劇で終わり。過去への郷愁、おすがり劇は悲劇として成立しない。では人間は明日変わると信じるのは希望なのかというとその代償は大きい。劇と革命は表裏一体、政治と結びつくことになるからだ。シェイクスピアは王立劇団の座付き作家だったから、検閲を巧妙にかわしながら書いていたわけだ

悲劇だった。

が、長いモノに巻かれていたことは否めない。つまり、革命までは射程になかった。これが、古典の悲劇がおもしろくならない理由なのだろう。観客も私も気持ちがどうしても揺さぶられないのは、その圧倒的な保守性を確認するだけで終わってしまうからにほかならない。私がシェイクスピアの悲劇を演出しきれないという告白は、私だけの問題ではない。悲劇が成立しない状況、それが問題なのだろう。

　その上で近代劇の祖と呼ばれるチェーホフが、なぜ悲劇に否定的だったのかをもう一度考えてみたい。例えば、『ワーニャ伯父さん』は本当に悲劇ではないのか、と。チェーホフは、『ワーニャ伯父さん』の元になる戯曲をそれ以前に発表していた。『森の主』という作品で、習作として扱われ、今ではひとつの作品として上演されることは滅多にない。チェーホフ自身、この戯曲を失敗作と言っているし、当時、出版社からの掲載依頼に対して「私はあの作品を憎んでいる」とまで言って断ったほどだ。この二つの戯曲は登場人物もほぼ同じで、台詞もまったく同じに転用されている箇所も多い。では何が違うのかというと、『森の主』ではワーニャが自殺するということに尽きる。『ワーニャ伯父さん』でのワーニャは、ピストル騒ぎを起こしたり、モルヒネをくすねて自殺をほのめかしたりするのだが、結局は最後まで死なない男に変更されている。姪のソーニャが、ラストシーンでこの伯父を諭す。

　　あなたは一生涯、嬉しいことも楽しいことも、ついぞ知らずにいらしたのねえ。でも、もう少しよ、ワーニャ伯父さん、もう暫くの辛抱よ。……やがて、息がつけるんだわ。……（伯父を抱く）ほっと息がつけるんだわ！

　チェーホフは死よりももっと重い事実、つまり、そう簡単には人

は死ねない、と悟ったわけだ。それまで悲劇は、運命の下にマイネ
ーム に苛む者たちを殺してきたわけだが、ここに来てその事情が変
更されたのである。ワーニャは運命に弄ばれる人物ではなく、もち
ろん生死を天秤にかけるほどの人間でもない、と。この冷ややかな
扱いは、残酷であり悲惨と言ってよいだろう。「やがて、ほっと息
がつける」まで、つまり死を待つしかない状況に劇の登場人物を追
い込んだのである。誰一人、死なない劇。いや、死ねない劇として
『ワーニャ伯父さん』は書き直されたのだった。それまでの悲劇を
更新した悲劇と言うべきか。

　同じくチェーホフによる『三人姉妹』についても、悲劇の更新は
目覚ましい。これまでひとりの人物が世界を背負っていたのを、な
んと３倍にした。作家は、姉妹たちに向かって、軍人ヴェルシーニ
ンをしてこう言わせる。

　　あなたがたのあとに、あなたがたのような人が、今度は六人で
　　てくるかも知れません。それから十二人、それからまた……と
　　いうふうに殖えていって、ついにはあなたがたのような人が、
　　大多数を占めることになるでしょう。

（神西清訳）

　あなたがたはひとりきりのヒロインではない。もはや劇とはひと
りの役が引き受けることでは間に合わない。『森の主』から『ワー
ニャ伯父さん』を経て、『三人姉妹』でついにチェーホフは固有名
詞による悲劇を終わらせることに成功した。これまでの悲劇は悲劇
にあらずと高らかに宣言されたようなものだ。

　一方で、チェーホフが『かもめ』と『桜の園』を喜劇と名付けた
ことに関してよくよく考えなければならない。英雄たちのように世
界を背負う人間が劇の登場人物でないことは明白だとして、しかし

36

悲劇だった。

それだけをもって悲劇にあらず、だから喜劇だ、とはならないだろう。

『かもめ』の主要人物はトレープレフとニーナという若い男女である。ロミオやジュリエットと何が違うのか。もちろんトレープレフは王子ではなく、作家志望の青年でワーニャと同じく普通の男だ。ニーナはと言えば女優志望の、これもどこにでもいる夢みる少女だ。それにもかかわらず、劇はトレープレフの自殺で終わる。この戯曲が喜劇となるのは、つまり問題などを抱えているふりをした奴が、最後になって一丁前に死ぬことが許されるなんて、笑い事でしかないということだろうか。

　　わたしは ── かもめ。……いいえ、そうじゃない。わたしは
　　── 女優。そ、そうよ！

（神西清訳）

と口にするニーナとは一体誰なのか？　その苦悩は一体誰のものなのか。本当に「かもめ」なのかもしれない。ジュリエットが自らの境遇、家名に苛まれるのに対して、ニーナが、自分が俳優であり渡り鳥でしかない、と悩むのは、つまるところ自分は何者でもないという告白なのだ。その一方で、トレープレフは自殺する。ここで重要なことは、彼は勝手に自殺しているのである。この行き違いは、運命を共にしたロミオとジュリエットがすれ違いによって死ぬこととは明らかに違う。このような一方的な行き違いをチェーホフは滑稽だと俯瞰したのである。だからわざわざ喜劇と名乗らなければならなかったのだ。

遺作となった『桜の園』はさらに進化した喜劇である。桜の園とよばれる広大な領地が農奴の子だったロパーヒンに買い取られるという結末であるが、女主人のラネーフスカヤはそのような結末に向

かうことをわかっていない、あるいはなかなか認めようとはしない。農奴解放から革命前夜に至る大きな時代のうねりを描いている作品である。登場人物たちが、こうした時代の運命に翻弄されている点においては、むしろ悲劇の構造にあると言ってよい。しかし、そこで進行するドラマは、まるでコントのようなやりとりでまったく悲愴感を感じさせない。状況の変化を直視せずに貴族が没落してゆく様は、これ以上ない喜劇だと言わんばかりだ。ここで大事なことは、そうした過去の栄華にすがりつく特権階級の人間ばかりを描いているのではなく、農奴出身のロパーヒンや万年大学生であるトロフィーモフも含めた「これからの人々」の奔走をもどこか虚しく扱っていることだ。一家は最終的に土地を手放し離散してゆく。そこに死の仕掛けはないのかというと、巧妙に用意されていた。みんなに忘れられた老僕フィールスという使用人が屋敷に取り残される結末は、チェーホフ一級のギャグである。フィールスは閉じ込められてしまってこの後、きっと死ぬ。しかも誰にも看取られることなく。この戯曲の最後は彼の台詞で終わる。悲劇の終焉を見事に悲劇的に示したと言ってよいが、結局は、ほとんど無名と言ってよい老僕の可笑しさと哀しみが優ってしまうのだと、チェーホフはここでもあっさりと突き放した。

　少し長くなるが、彼の台詞をト書きから引用するのは、悲喜劇をめぐって、ひとつの解答を得られる重要な箇所だからである。悲劇と喜劇の間にあるなんとも広い荒野をチェーホフという作家はひたすら見つめ続けた。そこにいた人間たちは決して大きな存在ではなく、ましてや後世に名を残すわけでもない。誰彼ともなく忘れられてゆく者の姿だった。チェーホフ、渾身の大喜劇。そのラストシーンである。

　　舞台からになる。方々のドアに錠をおろす音がして、やがて馬車が数台

悲劇だった。

　出て行く音がきこえる。ひっそりとする。その静けさのなかに、木を伐る斧のにぶい音が、さびしく物悲しくひびきわたる。
　足音がきこえる。右手のドアから、フィールスが現われる。ふだんのとおり、背広に白チョッキをつけ、足には室内ばきを穿いている。病気なのである。

フィールス　（ドアに近づいて、把手にさわってみる）錠がおりている。
　　　　　行ってしまったんだな。……（ソファに腰をおろす）わしの
　　　　　ことを忘れていったな。……なあに、いいさ……まあ、
　　　　　こうして坐っていよう。……だが旦那さまは、どうやら
　　　　　毛皮外套も召さずに、ただの外套でいらしたらしい。
　　　　　……（心配そうな溜息）わしの目が、つい届かなかったもん
　　　　　でな。……ほんとに若えお人というものは！（何やらぶ
　　　　　つぶつ言うが、聞きとれない）一生が過ぎてしまった、まる
　　　　　で生きた覚えがないくらいだ。……（横になる）どれ、ひ
　　　　　とつ横になるか。……ええ、なんてざまだ、精も根もあ
　　　　　りゃしねえ、もぬけのからだ。……ええ、この……出来
　　　　　そこねえめが！……（横になったまま、身じろぎもしない）

　はるか遠くで、まるで天から響いたような物音がする。それは弦の切れた音で、しだいに悲しげに消えてゆく。ふたたび静寂。そして遠く庭のほうで、木に斧を打ちこむ音だけがきこえる。
　幕。

（神西清訳）

　『桜の園』の初演から半年後にチェーホフは死んだわけだが、これは遺作であると同時に、次の悲劇は可能か？というまさに最期の問いかけだった。

さて、この問いを携えて一刻もはやく現代戯曲を開きたいところだが、もう少しだけ近代に留まろう。つまり、イプセンよ、何のつもりなのか、と。チェーホフと同時代を生きたイプセンという劇作家もまたリアリズムの方法に則って戯曲を書いた。しかしチェーホフとはずいぶんと印象が違う。代表作の『人形の家』は、女性解放を謳った社会劇として、当時、センセーショナルに受け止められた。ノーラという若い妻が、夫も子どもも捨て自由を求めて家を出てゆくという物語は、悲劇か喜劇か。持論に従いタイトルから推測すると、人名ではないので、悲劇ではないとなるのか。

　私がパリで研修している頃、それなりにイプセン劇を見る機会があったのだが、おもしろいことにあちらでは『人形の家』を「ノーラ」と呼ぶ習慣がある。あたかもタイトルが『ノーラ』で副題が「人形の家」という感覚がしたことをよく覚えている。今となってみると、この習慣は正しかった。結論からすると『人形の家』は、「四幕の劇」とだけ記されているが、悲劇なのである。（イプセン戯曲は、すべて悲喜劇を表記せずに何幕の劇かのみ表記されている。）そしてこのことを確信したのは、縁あって初めてイプセンを演出することになった『ヘッダ・ガブラー』においてだった。

　ノーラにせよヘッダにせよ、主人公がひとりで問題を抱えている。ノーラは家を出てゆき、ヘッダはピストル自殺を遂げるという結末だが、いずれも主人公が密室で追い込まれてゆく様は同じで、サスペンスの要素も強い。観客が彼女たちの置かれた境遇に感情移入できれば幸い、立派な悲劇となろう。ところが、これがなかなかできないのだから困ってしまう。行間を読む、ということがこれほど無駄だと思わせる作家はいないかもしれない。なぜならば問題が実に小さいからだ。ノーラは借金の肩代わりをしたことを夫に話せばいいだけだし、ヘッダも夫と別れればいいだけだと思ってしまう。なぜ、あの程度のことで人間が悩むのか。どうしても迫力に欠けるの

悲劇だった。

である。今で言えばテレビでワイドショーが取り上げそうな、どこか卑屈な視線、陰湿な暗さ、小さな事件でしかない。そこに時代のうねりも感じなければ、ましてや運命など作用しているとは思えない。つまり、悲劇の構造を取っているにもかかわらず、問題を抱える人物の境遇に特に大きな支えがないということだ。

できそこないの悲劇。イプセンという劇作家がなぜ近代劇の父とまで評価されてきたのかが、本当の大問題なのである。はっきり言えば過大評価だった。あの当時、悲劇の終焉が襲いかかっていたにもかかわらず、相変わらず古典的な悲劇の構造に主人公を置き、その苦悩があたかも新しいかのようにと気取っていたのではないか、ということだ。中世のようにあらゆる権力を手中にした人物が存在しない時代において、登場人物が凡庸な設定となるのは当然の成り行きだろう。それにもかかわらず、無理矢理にヒロインを作り出したのである。例えば、ヘッダはガブラー将軍の娘という設定で、当時のノルウェーでは将軍は貴族と同等のものだったというから、斜陽する貴族を扱ったという点ではチェーホフと同じだ。しかしその意図はチェーホフのそれとはまったく違って、喜劇とは到底呼べないのは明白であろう。

結局、英雄気取りなのである。近代リアリズム演劇は、それまでの古典劇と一線を画したことは事実である。しかし、スタニスラフスキーをはじめとする演出家は、シェイクスピアもチェーホフもほぼ同じリアリズムの演技で解決しようとした。このとんちんかんなミステイクはもちろん世界中で犯されてきたものであろう。ヒーロー、ヒロインがいなければ劇にあらずという無責任な期待と誤解を抱えたまま舞台ではナルシシズムに歯止めが効かなくなっていったのである。いつの間にか、観客も第四の壁から世界を覗き見することで、スキャンダルを貪る低俗さを身につけたのではないか。くりかえすが、ノーラもヘッダも運命に翻弄されるほどの人物ではない。

彼女らは国王の妻でもなければ、女王でもないのだから。しかし、密室であたかも世界の苦悩をひとりで抱え込んでいるようなふりをしているのである。このふりに付き合うことに何の意味があったのか。

批評家は、『人形の家』をいたずらに社会劇とか問題劇と呼んでみたりした。ノーラは女性解放運動などと何の関係もないはずだった。政治的に読むことの愚かさを、つまり解釈を身につけることの罪はこうして生まれたのである。近代劇が教条主義的でつまらない心理劇に陥るこの路線は、悲劇が不可能になっている状況に目を向けず、誰でもヒーロー、ヒロインになれると思っている呑気さに原因があったのではないか。モダンな古典劇など評価すべき点はどこにもない。明日もシェイクスピア劇を見るほうがまだましだ。チェーホフは強固な意志を持ってそれと決別したではないか。しかしこのイプセンの勘違いは、今日においてもしぶとく続いているのだから決して笑い事でもないだろう。悲劇の価値を貶め、演劇があたかも主義主張をしなければ存在意義を持たないという誤解をも生み出したのである。

だから私が演出した『ヘッダ・ガブラー』が高い評価を得てしまったことは、ある意味皮肉なのかもしれない。なぜならば、登場人物たちがお互いの名前をしつこく呼び合うことから始め、その名前自体がどの程度の社会性を持つものなのか、あるいは持たないのかを暴いてしまったのだから。それは、ジュリエットが「ああ、ロミオ様、ロミオ様、あなたはどうしてロミオ様なの?」とつぶやくことができたのは家名をめぐっての葛藤が許された世界においてであって、ヘッダの葛藤は無効なのだという宣言でもあった。思わせぶりな短い台詞で進行する芝居の入り口をこのようにせざるを得なかったのは、互いの呼びかけによってしか人は自分の存在を規定できないということを示したかったからにほかならない。例えばヘッダ

悲劇だった。

とは、「テスマンの奥さん」であり、「イェルゲン・テスマンの奥さん」であり、女中にとってはただの「奥さま」となる。なかなか「ヘッダ・ガブラー」とは呼ばれない。テスマンと結婚したからである。旧姓のガブラーは効力を持たない。それをヘッダは認めようとしないわけだが、果たしてそれだけで人は死ねるのかという疑問はいつまでも残る。ワーニャが自殺できなかったことによって解答はすでに出されているはずだ。時代遅れの死！

　『ワーニャ伯父さん』は『ヘッダ・ガブラー』より7年後の1897年に発表されているから、この二つを比較するのはイプセンにとって分が悪いかもしれない。しかし、重要なことは、あの時代に悲劇の終焉を認めていたかどうかというごく単純なことなのだ。イプセン劇の特徴としてひとつ挙げられるのは、行間に潜む心理、サスペンスであろう。登場人物は象徴的で意味深なことを口にするが、結局は寡黙なだけなのだ。黙っていれば誰だって賢そうに見える。劇はしゃべらなくてはならない。言うまでもなく台詞を書くのが劇作家の仕事なのである(その点ではシェイクスピアはえらい)。イプセンはこのことに正面から取り組まなかった。そもそも書けなかったのである。悲劇を。

　私の演出では、エルヴステード夫人が、ときどき、「神様！」と呼びかける。当然、誰も返事しない。この沈黙は、もちろん行間に潜む誰かの思惑などではない。神が死んだ近代以降の「間」である。これほど粋な演出はないと自負しているが、これほど虚しい演出もないことは、正直、残念としか言いようがない。何も書かれていないイプセン劇を扱うにはこうしたやり方しかないのだから。

　次なる悲劇は可能かという問いは、ここまできてついにリアリズム演劇から離れることになる。ようやくブレヒトの登場だ。感情移入を手放した劇に変容せざるを得ないということ。「異化効果」を

『ヘッダ・ガブラー』(撮影:松見拓也)

悲劇だった。

提唱したブレヒトはもちろん正解だった。一方で、同じく悲劇でもない喜劇でもない「不条理劇」を見出したベケットもブレヒトと同時代に生きていた。近代から現代への変遷の中で、重要な劇作家はこのブレヒトとベケットであることは間違いないのだが、実は、ロシアアバンギャルドの旗手、メイエルホリドを抜きにはおそらくリアリズム演劇への決別は語れないだろう。ただし、彼は作家ではなく演出家だった。後世に生きる我々はこれまで戯曲を読むことから演劇を考えがちだった。当たり前のことだが戯曲はただの死んだ文字に過ぎない。どう書かれていようが、無条件に頼りにしてはいけないことは頭に入れておこう。言い換えれば、演出がなくてはその戯曲を読むことにはならないのである。ここでは、メイエルホリドについては詳しく触れないが、ブレヒトがその影響を少なからず受けていたこと、そしてベケットを強く意識していたことを念頭に置くと、今、悲劇は可能か、という問いへの答えをブレヒトに求めたら十分におつりがもらえるのかもしれない。

　そうは言っても、やはりベケットの苦し紛れの傑作『わたしじゃない』は無視してはならないだろう。すでにこのタイトルだけで、悲劇の不可能性にどれだけ苦しんでいたかがわかるというものだ。「名前がタイトルの場合その劇は悲劇」というセオリーの裏をかいたようなものだ。マイネームに苦しむ人物ではなく、そもそも劇で語ることは「わたし」のことではないと言ってしまったのはある種の発見だった。登場人物がなんと「口」だけとあって、のべつまくなしにしゃべりまくった挙げ句、いま話しているのはわたしじゃなくて、「彼女よ！」と叫ぶ始末。なんとも言えぬ居心地の悪さに満ちたこの感覚は、もちろんよく理解できるし、無関心を信条とする現代人にとって、当然、突き刺さってくるわけだ。神が死に、やっと「わたしの喪失」が問題となったのである。無差別殺人が横行する今日、犯人が殺した相手のことを「誰でもよかった」と口にする

45

のは、自分自身が誰でもよかったことにほかならないという、あの闇。これをどう表現するのか、ついに着手されたのである。つまり、俳優は「これはわたしじゃない」と、どんな場合においても一応は「言える」のである。「わたし」が、生きるべきか死ぬべきか、それが問題では「ない」、と言えるように。主体への問いはもはや有効ではない、と言っているわけだ。屁理屈ではない。悲劇の終焉を見事に言い当てていると言ってよいのである。さもなければ、ヘッダのように寡黙に意味深にぐずぐずするしかなかったではないか。

　ベケット自身が『ゴドーを待ちながら』を発表したあと、これ以上の戯曲はもう書けないかもしれないと自ら言ってしまった事実は見逃せない。そのあとに書かれた『わたしじゃない』は、神を待つこともやめたとき、やっと大きな枷を外すことはできたが、では新たに何を叫ぶのかという問題にあっと言う間に直面した。「彼女よ！」という叫びは、一体どこに響いたのか。古典的悲劇において、観客は想像力を駆使しなくても済んだ。身分が確固として揺るがない世界において、登場人物の叫びはその範囲内では確実に響いた。しかし、今、「口」は誰でもない、いや誰でもいいことになっているのである。わたしかもしれない口は何を言うのか、いやわたしではないかもしれない口は何を言わないのか。そんな堂々巡りが始まったのである。観客は想像力の的として俳優の身体に頼りたいところだが、当の「わたし」は口しか見えないのだから参ってしまう。ベケットは神経症的に主体にメスを揮った。言うまでもなくこの作業は底なしに暗い。

　さて、ブレヒトは底抜けに明るい。両作家の作品群に目を向ければ、ブレヒトがいかに多作かということが一目瞭然である。そんなブレヒト戯曲の中から私が初めて演出したのが、未完の大作と言われた『ファッツァー』だった。500ページにも及ぶ膨大なメモ書きや短いシーン、プロットなどが書かれたが、最後まで完成すること

はなかったテキストである。これをハイナー・ミュラーが編纂した
ものがあってドイツ本国ではよく知られている。ミュラーによる
『エゴイスト、ヨーハン・ファッツァーの没落』を下敷きに未使用
の断片も含めて再構成し、日本で初上演という運びになったわけだ
が、この作品は悲劇だろうか。いや、慌てずに、まずこれがベケッ
トの『わたしじゃない』の対極にあるのではないだろうか、と考え
てみるところから始めようと思う。

　ベケットが「口」にまで極端に削ぎ落とした身体性はともかくと
して、いずれ観客の想像力とは何かといえば、決して個々の自由な
裁量に任せていても演劇にはならないから大変だ。観客は何か手が
かりを欲するものだ。言葉があってそれを発する人間がいて、それ
を見聞きする観客がいても、想像力を働かせる手がかりがなければ
皆で寝るしかない。ところで「教養」とはこの眠気をなんとかごま
かそうとする観客の悪知恵でしかない。睡魔たっぷりの古典劇を見
て、目をこすりながら拍手してきた観客は、ついに教養の呪縛から
も逃れて自由を選択する。つまり劇場には行かなくなるわけだ。こ
のような自由は、日本だけでなく演劇が存在しているどの国でも謳
歌されている。教養だけでは芸術を見ることができないことに気が
つくことと、自分が無知であることを恥じない開き直りが結びつく
と、観客は観客になることをやめる。しかし、それでも観客に引き
戻されることがたまにあるから演劇はやはり恐ろしい。演劇ほどこ
の力が強烈なものはない。なぜならば、やはり人（俳優）が何か（台
詞）を言ってしまうという「言葉」が存在するからだろう。そして
その言葉をずっしりと重くするのが「状況」なのである。

　閑話休題。ようやく『ファッツァー』のページをめくるときがき
た。

　　　私は支配しない。真実でないことを言わない。考えなしに行動

しない。人間に仕えない。不満を見せない。役立たずでもない。しかし、私がしたことは、支配することであったかもしれない。しかし、私がしたことは、真実ではなかったかもしれない。しかし、私がしたことは、考えなしであったかもしれない。だから、私は忘れられてしまうように。私は何物でもない。

(津崎正行訳)

　ここで語られる「わたし」とは誰なのか？　それはファッツァーなのであるが、もちろんハムレットではないことは次の台詞からもわかる。

　　ファッツァーは一人きりではなく、大勢のうちの一人だからだ。服従する者たちの。

　ある固有のひとりではなく、まさに「何者でもない」人物とは誰なのかと、改めて問い直すとき、観客である「わたし」のことかもしれないとようやく気がつく。「わたしはかつてハムレットだった」とハムレットをマシーンにかけなければ何も言えないと判断したミュラーが、だから歴史に埋もれようとしている「ファッツァー」という得体の知れない主語を発見したのは、当然の成り行きだった。ベケットは劇の主語を『わたしじゃない』という否定から始めた。ブレヒトは名前をつけてみた。第一次世界大戦中、塹壕から逃れてミュールハイムに潜伏する脱走兵たち。彼らに名前が必要かどうか。ブレヒトは、あえてファッツァーと名乗らせる。観客である私にお前がそれだと言わんばかりに。
　ところで、ブレヒトの別の戯曲『ルクルスの審問』では、魚売りの女に次のような台詞がある。

悲劇だった。

ある日アジア戦争からの帰還兵をのせた船が入港したときいた。（中略）兵士たちが下船していた。夕方には船はすべてからになった。（中略）ファーベルと叫びました、それが息子の名前なのです。（中略）私は死者たちの間を走りまわり、死者たちの前を通り過ぎさらに死者たちのなかを、ファーベルと叫びながら走りまわったが、おしまいにあそこの戦死者たちの屯ろするところにいる門番が私の袖をひきとめて言った。おばさん、ここにはファーベルはたくさんいる。たくさんの母親の息子たち、たくさんのかけがえのない息子たちが、でも彼らは自分の名前を忘れているぞ。名前は彼らを軍隊の隊列に加えるときには役に立ったがここではもう必要がなくなった。

（岩淵達治訳）

　さて、ファーベルとファッツァー、死んだことに違いはない。ところで、ファーベルは息子であるが、果たしてファッツァーは誰かの息子なのだろうか。私も息子であることに違いはない。あなたも娘であることに違いはない。人は生まれて必ず死ぬ。ファーベルは生まれた。そして戦死した。ファッツァーには、母親がいるだろうか。誰かが彼を捜しているだろうか。そして誰かが彼の没落を嘆いているだろうか。

　私はこの未完の戯曲の核心は、この点、つまり誰かが彼を心配したり気にかけたりしていないところにあると思っている。通常、劇は、何らかの嘆きを必要としている。つまり犠牲者を。しかし、ファッツァーというエゴイストは、それをはねのける。まるで突然現れた孤児のように。死ぬときだって犬のようにあっけない。人が生まれた理由はやっぱりわからない。しかし、死ぬ理由はわかることが多い。老い。病。事故。そして戦争。いずれ、死は誰にも平等にやってくる。名前とは生きている理由でしかない。死者にとって名

前など役に立たないだろう。もし、そうさせない力、つまり死者に名前を持たせたままでいたいなら信仰が必要になるまでだ。ブレヒトは、この人間の生死という根本的な「状況」を描いた。そして最も俗悪なドラマ、戦争と宗教を扱うのである。そこでは、当然、名前を疑うことが前提となる。ファッツァーは、言う。

　　ファッツァーの十グロッシェンの忍耐力とファッツァーの毎日の思いつきを計算に入れておけ。俺の底知れぬ深みを測り、予想外のことがあったら、五と書いておけ。俺にあるもののうちお前たちの役に立つものだけを取っておけ。その残りがファッツァーだ。

　もはや、ファッツァーとは人の名前であるのかさえ、不確かだ。「お前たち」である「わたし」のことを挑発し、不愉快にさせ、こうして私の中に忍び込むファッツァー。客席で「わたし、ファッツァーじゃない」と思ったら最後、異化効果のできあがり。信仰に対する後ろめたさえ、直視させようとする。ブレヒトは正しい。もちろんその正しさとは20世紀初頭に生まれたものであり、今日においてこの正しさは殊に明白である。神は死んだのだから。しかし正しいことがおもしろいわけではないこともまた事実だ。ブレヒトがソングの作詞で関わった『ハッピーエンド』の台本にも、皮肉たっぷりの洒落た一節を見つけることができる。

　　現代の人間というものはたいてい神様の話になると、微笑をうかべて「神様なんていやしないよ」というのが進歩的でカッコよいことだと思っております。なるほどわれわれは神様をまだこの目で見たことがありません。それどころか、フランスの大天文学者は、あるとき新聞にこう書いていました。「私は大望

『ファウツァー』(撮影:松本久木)

遠鏡を使って宇宙のすみずみまで観察してみたが、神様はどこにもいなかった」と。いいですか。大望遠鏡を使って宇宙のすみずみまで観察したけど、神様はどこにもいなかったと言っているのです。……面白いですね。

(岩淵達治訳)

　しかし、ここで笑ってばかりもいられない。「われわれは神様をまだこの目で見たことがありません」の主語についてである。「われわれ」とは誰なのか。もちろんここに深い意図があって「われわれ」とあるわけではないだろう。しかしブレヒトの生きた時代以降の「状況」は、この「われわれ」にひどく敏感になっている。「わたしじゃない」から、状況は確実に「わたしたち、じゃない」となっているのである。「わたしたち」とは誰なのか。ベケットの『わたしじゃない』とブレヒトの『ファッツァー』は途上であり未完のまま、鋭く何かを問うている。何かとはもちろん、現代の悲劇の可能性であることは間違いない。未完の悲劇は、こうしてブレヒト、ミュラーを経てイェリネクにバトンタッチされるのである。

　今でもよく覚えていることがある。2012年にイェリネクの『光のない。』を演出したとき、初日の1週間ほど前に、ホテルの一室で私は取り憑かれたように原稿を書いたのだった。原稿とは、本番当日に観客へ配るパンフレットに掲載する演出ノートだ。パンフレットのためのコメントを書く作業は、どの演目でも多かれ少なかれやらなくてはならない仕事なのだが、これが書けなくていつも苦労する。まだ最終的な演出が確定しておらず、どんな作品になるのかも自分でもあやふやな追い込みの時期に締め切りが重なるからだろう。しかし、『光のない。』のときは、なぜか朝4時までかかって一気に書けてしまったのだ。なぜ、あんなに元気に原稿へ向かえた

悲劇だった。

のだろうか。結論。私は生まれて初めて現代の悲劇を経験していた。こういうことがあるから演劇は続くのか、と歴史的発見をしたかのような興奮のさなかに身をおいていたのである。私はめでたい人間ではあるが、大袈裟な人間ではない。これでも謙虚に、したたかに演劇に邁進してきたつもりだ。思えばそんな私へのご褒美だったのだと思う。

『光のない。』は悲劇だった。この好運な出会いに感謝するだけでなく、畏敬の念を抱かざるを得ない。誰に？ もちろんイェリネクという今日を生きている作家に対してかもしれないが、彼女はあまりに桁外れなのでちょっと違う。そう、日本の観客に。つまり、あなたに感謝したい。これを日本で上演できることに興奮していた。異化効果とは、その場にいる観客が今見ているものをとにかく意識することであり、感情移入によって社会・世界を把握するのとは別の方法だとすれば、まさにそれが叶った作品になること、そこにはわたしもあなたも確実にいること、これは奇跡だと感じること、劇が時代を手に入れるように現実そのものになること。こんなことを人は経験できるのか、と思った。すべて観客がいることによって成立するという確信を、本番の１週間前にすでに感じていたのだった。

初日、その予感は的中した。大傑作の誕生だった。『光のない。』は現代の奇跡。ふいにやって来た。いや待っていたはずの悲劇だった。ゴドーは来た。初日以降、100人を超える人々が当日券を求めて劇場に並んだことは恐ろしいことだった。ベケットによって待ち続けられたゴドーの正体は、観客だった。それはひとりではなく行列していた。

『光のない。』は、東日本大震災で、津波のあの映像、原発のあの映像をイェリネクが見たから書かれた戯曲だった。そもそも彼女はドイツの劇場からの依頼で、民主主義というテーマで新作を執筆し

ていたのだが、急遽、この作品に変更したらしい。私は、それまで
いくつか日本語に翻訳されていた彼女の戯曲を読んでいた。いつか
この作家をやることにはなるだろうと思っていたが、まさかこのよ
うなきっかけでやるとは思ってもいなかった。震災の翌年に日本で
このイェリネクの新作が上演されるということは、翻訳作業も含め
てかなり急な話だ。つまり演出を引き受けるときには戯曲の内容を
読まずに決めたということだった。やがて届いた戯曲の冒頭を読ん
でみよう。

A　ああ、わたしにはあなたの声がほとんど聞こえない、どうに
　　かしてほしい。あなたの声を響かせてほしい。わたしはわた
　　しを聞きたくない、あなたにわたしをかき消してほしい。た
　　だ、少し前から思っている、わたしはわたしも聞こえない、
　　耳を制御盤にあて、つかもうとしているのに、音を。あなた
　　もそのくらいはできるはず！　もっと強く弾いてほしい、難
　　しいはずはない。ここは喚き声ばかり、わたしにはわからな
　　い、畜舎？　設備の停止？　設備が停止したならどうして叫
　　ぶのだろう。力づくで押さえているのか。自動停止？　だが
　　それはすべて静まることを意味しない。力は消えることがで
　　きない、なにかが消えることなど決してない、まだ叫んでい
　　る、怪物の腹の中で、蝉のように、喰われても猫の腹で叫び
　　つづける蝉のように。

（林立騎訳）

　このあとBが引き続き長くしゃべるのだが、同じような調子で
いつまでもAとBが交互にやりとりを続ける。状況や場面設定な
どが記されたト書きは1行もない。中盤にある唯一のト書きで
「両者が一緒に叫ぶのが望ましい――もしくはテクストを分けても

よい。声が重なり、部分的に理解不能になってもよい」という作者のコメントを見つけるとき、これはついに大変なことになってしまったとさすがに笑うしかなかった。いよいよ試されている気がした。これまで私は、戯曲を解体し再構成することを武器としてきたが、それがこの異様なテキストでも通用するのかやってみろと言われている気がした。

　さあ、どうするか。わけがわからないことには慣れているつもりだったが、これまでのわからなさとは少し違っている感じがした。文脈がわからないということはわかる。きっと何かの引用なのだろうということはわかるという意味。それよりもその背景に分厚い何かが横たわっている、それを理解したいと強く感じさせた。イェリネク戯曲はドイツ語圏の観客にとっても難解で哲学的だと聞くが、そういう感じはあまりしなかった。なぜならば、このテキストが明らかに日本で起こった出来事をモチーフにしているという点において、アドバンテージをこちらが握っているような気がしたから。しかし、それはやっぱり勘違い。誰が当事者なのかという議論がいつもくりかえされるのと同じく、わかったつもりになってもまたすぐに突き放された。現代演劇を強く意識したこの作家が感情移入などそう簡単に許してくれるわけがない。

　稽古の初期の段階で、俳優が音読しているのを聞きながら、私は「わからない」を連発していた。いちいちわからないので本読みは１ページ進むのに何度も中断した。さすがに何がそんなにわからないのか、と俳優に聞かれて、とにかく主語が誰なのかわからないと当たり前のことを口にしていた。「わたし」「あなた」「わたしたち」「あなたたち」これらの主語が頻繁に、いや異常な回数、文章中に入ってくること。仕方がないので、これをまず徹底的に考えることにしたのだった。戯曲を手放し、俳優は「わたし」「あなた」「わたしたち」「あなたたち」の４語しか口にしてはならないというエチ

ェードをやってみることにした。シーンが完成するまで1ヶ月を要することになったのだから驚きだ。焦った。戯曲を1ヶ月手放して稽古するなんてことはこれまでに一度もなかったのだから。「言葉、言葉、言葉」とハムレットが口にするのをチェーホフはトレープレフに「言葉、言葉、言葉か」と言わせて揶揄したわけだが、こちらはまだイェリネクの言葉にすら当たれずに、「主語、主語、主語か」とやっているのだから。

　さて、エチェードは、それこそ何度もやることになったが、はじめはまったくうまくいかない。典型的な失敗例は次の形。Aが舞台にいて、Bが入ってくると、BはAに「あなた」と呼びかける。これに対してAが「わたし？」と聞き返す。しかしこれでは、それ以上会話が進まない。つまり関係性はあっと言う間に終わる。深追いして仮にCが入ってきて「あなたたち」とふたりに呼びかけたところで、頭打ちであることは何も変わらない。このままではDやEがいたとしてもその場に参加することはできない。この失敗の例で考えられるひとつの傾向として、「わたし？」と口にする人は自分のことを「わたし」だと思っているということだった。つまり、AはBに「あなた」と呼びかけられたとき、Aは自らの胸に手をあて「わたし？」と聞き返すのである。当たり前のようだが、この当たり前を疑うことが必要になる。胸に置いた手をどこに向かわせるのかを考え直せばいいのではないかという直感が働く。呼びかけられたAは、自らの胸にではなく、空に手を挙げるとする。そのとき、Aの発語は「わたし？」ではなく「あなた？」になるほうが自然だ。

　おさらいしよう。Aが舞台にいて、Bが入ってくる。Bは「あなた」とAを呼ぶ。Aは空に手を挙げて「あなた」と口にする。翻訳すればこうなる。Bは「ユアネームイズあなた」とAを呼んだわけだ。Aは手を挙げて「マイネームイズあなた？」と聞き返した

悲劇だった。

のである。つまり、主語を名詞として扱い、人が人を名付けてゆくことになったのである。例えば、仮に「わたし＝佐藤」「あなた＝木村」と置き換えて実験するとわかりやすい。Ａが舞台にいて、Ｂが入ってくる。Ｂは「木村」とＡを呼ぶ。Ａは手を挙げて「木村？」と口にする。ここで、もしＡが木村ではなく「佐藤」と口にした場合は、従来通り胸に手をあてるしかないだろう。私は木村ではなく佐藤だと。よく考えよう。佐藤さんはいっぱいいるし、木村さんもいっぱいいる。いまさら自分が佐藤だと主張しても、ドラマは進まないのである。だって佐藤はジュリエットではないのだから。昨日までの悲劇は、ジュリエットであるＡが舞台にいて、ロミオであるＢが入ってくる。Ｂは「あなた＝ジュリエット」とＡを呼ぶ。Ａは手を胸にあて、もちろん「わたし＝ジュリエット」と口にしてきた。このとき、わたしもあなたもどうしたって取り替え交換不可能なのだった。だからあのバルコニーシーンでは、その不可能性に苛むことになる。彼らが口にできるのは、まさにその揺るぎのないわたしとあなたが自らの胸に手をあてる競争だった。言うまでもなくその制限内での言葉、言葉、言葉だ。

Ａ　ああ、ロミオ様、ロミオ様！　なぜロミオ様でいらっしゃいますの、あなたは？　あなたのお父様をお父様でないといい、あなたの家名をお捨てになって！　それとも、それがおいやなら、せめては私を愛すると、誓言していただきたいの。さすれば、私も今を限りキャピュレットの名を捨ててみせますわ。

Ｂ　(傍白)黙って、もっと聞いていようか、それとも声をかけたものか？

Ａ　仇敵はあなたのそのお名前だけ。たとえ、モンタギュー家の人でいらっしゃらなくとも、あなたにはお変りはないは

ず だわ。モンタギュー——なんですの、それが？　手でも
なければ、足でもない、腕でもなければ、顔でもない、人間
の身体についた、どんな部分でも、それはない。後生だから、
なんとか 他の名前 になっていただきたいの。でも、名前が
一体なんだろう？　私たちがバラと呼んでいるあの花の、名
前がなんと変ろうとも、薫りに違いはないはずよ。ロミオ様
だって 同じこと 、名前はロミオ様でなくなっても、あの恋
しい 神のお姿 は、名前とは別に、ちゃんと 残る に決まって
いるのですもの。ロミオ様、そのお名前をお捨てになって、
そして、あなたの血肉でもなんでもない、そのお名前の代り
に、この 私のすべてをお取りになって いただきたいの。

B　お言葉通り頂戴しましょう。ただ一言、僕を恋人と呼んで下
さい。すれば 新しく洗礼 を受けたも同様、今日からはもう、
たえてロミオではなくなります。

A　まあ、 だれ、あなたは？ 　そんな夜の闇に隠れて、人の秘密
を立ち聞くなんて？

B　さあ、どうも名前といわれては、なんと名乗っていいものか、
困るのですが、ああ、 尊いあなた 、僕の名前が腹立たしい、
それというのが、あなたの 仇敵の名前 だからです。紙にで
も書いてあるのなら、そのまま 破ってしまいたい くらい。

(中野好夫訳)

　わたしとあなたの関係は見事なまでに揺るがない。「なぜロミ
オ？」と「名前」に疑問を持つことで、より家制度を強固にしてゆ
く仕掛けだ。「私を愛する」ことを要求する A は最終的には「私の
すべてを」取られることになる。つまり死をもってしか愛を手に入
れることができない。

　B も「他の名前」にはなることができなかった。「仇敵の名前」

を破くことはしない。それどころか、終幕には両家の和解によって街の広場に若いふたりの金の像が建立されることになる。後世までこのふたりの名前は確実に「残る」。ふたりの間に起こった愛は、当然、神を介した従来通りの秩序に収められる。「新しい洗礼」とは何か？　それを受けることはできなかった。このふたりは、神を殺すことができなかったのだ。だから、あなたはあなたのままでいなければならなかった。「尊いあなた」とは、要は「尊いわたし」の押しつけだった。このふたりは神の代わりに死んだ。秩序は犠牲者を必要とする。誓言とはシステムのことで、その範囲の中で運命は機能したのである。

　それにしても惜しいのは、Aが繰り出した「だれ、あなたは？」という問いだった。Bも含めて誰もきちんと答えられなかったこと。Aはあの問いかけを、実はBにではなくZにしていると思う。なぜならば、Bが「今日からはもう、たえてロミオではなくなります」と直前に言っているのに対して、Aはとぼけて「まあ、だれ、あなたは？」と切り出したのだから。つまり、ふたりともここではおどけてみせた。当然、相手が誰なのか、ふたりともよく知っている。だからZを相手にしたのだった。「そんな夜の闇に隠れて、人の秘密を立ち聞くなんて？」と問うた。Zとは観客である。観客はこの遊びに付き合わなければならないはずだ。つまり自分が誰なのか、と。シェイクスピアは洒落っ気たっぷりに、こうして明日の空に矢を放った。

　さて、『光のない。』はどうなっているのか。何が運命なのか。誰がわたしなのか。誰があなたなのか。そしてわたしたちとは誰のことなのか。あなたたちとはどういうつもりなのか。1ヶ月かけてようやく完成した上演台本の冒頭を眺めたい。5人の俳優A〜Eがいて、それぞれ4つの言葉しか使わずに、相手を指差してゆく。文

字を追いながらでは難しいかもしれないが、動きを想像していただきたい。

　ヴァイオリンケースを持って、Aが客席下手扉から登場。舞台によじのぼる。上手まで歩いて客席に向かい、
　A　わたしたち（と呼びかける。次に中央の客席に向かって）わたしたち（上手から下手へ移動。また客席に向かって）わたしたち
　　B・C、客席上手扉からふたりで入場。B、舞台によじのぼる。
　C　あなたたち（舞台によじのぼる。客席に向かって右手を挙げ）あなたたち
　A　（Cに向かって）あなた
　　C、再び右手を挙げる。
　A　（もう一度Cに向かって）あなた
　C　（手を挙げて）あなた？
　　B、手を挙げる。
　A　（Bに向かって）あなた
　B　（Aを指差して）わたし
　C　あなた？
　B　（Cを指差して）わたし
　C　わたし？
　B　（後ろに下がって両者を指差し）わたし、たっち
　　B、腕を伸ばしながら舞台前に進む。
　C　わたし？　たっち？
　A　あなたたち！
　C　わたし、たっち？
　A　（最初の立ち位置に再び戻り、観客に向かって）わたしたち、わたしたち
　　D、下手から入場。

60

『ロミオとジュリエット』(撮影：松見拓也)

C　（ちょっとかがんで下手を指差しDに向かって）わたし

B　（Cを見てから同じようにDに向かって）わたし

A　（Dに向かって）あなた

D　（B、C、Aを数え）わたし、わたし、わたし、（観客席を数えなが
　　ら）わたし、わたし、わたし、……わた、わた、わた……
　　あ？　なた、わた、わた、わた、わた……

C　（「あ？　なた」からゆっくり手を挙げて）あなた

B　あなた！　（手を挙げる）

A　（Dの右隣に移動。ヴァイオリンケースを渡す）わたし
　　B、上手前に移動。C、舞台中央に移動、客席に背中を向けて静止。

C　（右手を挙げ）あなた
　　D、手を挙げる。

B　（左手を挙げ）あなた

C　（客席に背を向けたまま）あなたたち、あなたたち
　　A、横たわる。

D　（Aを指差して）わたし

B　（右手で下手のふたりを指差して）わたしたっち（左手で客席を指差
　　していく）

C　（振り返りBの指差す方向を見て）わたしたっち
　　E、下手から登場。

E　（客席に向かって）わたしたっち
　　C、左手を指差し右手を挙げて上空を見上げていく。D、Cを見る。

A　わたしたち？

D・C・E　あ(倒れる)
　　A、立ち上がる。B、客席を見る。

　ここまでを１周期として、このあと何度もこのゲームをくりかえしながら、台詞を並走させていくことになった。２周期目は次の

悲劇だった。

通りとなる。台詞が差し込まれる箇所を囲みで表記してみる。

　　「わたし」「あなた」の反復が始まる。A、Dの持つヴァイオリンケースを取る。B、しゃがむ。

A　わたしたち、わたしたち、

　　A、下手へ移動。B・C、立ち上がる。

A　わたしたち

　　B、C移動。

C　あなたたち

A　あなた

B　かもしれない

　　C、手を挙げる。

A　あなた

B　そうかもしれない

C　あなた？

A　あなた

B　わたし、かもしれない

C　あなた？

B　違う。わたし

C　わたし？

B　わたし、たっち

C　わたし？　　たっち？

A　あなたたち！

C　わたし、たっち？

　　A、上手に移動。

A　わたしたち、わたしたち

　　D、立ち上がる。

C　わたし

B　わたし

A　あなた

D　わたし、わたし、わたし、わたし、わたし、わたし……わた、
　　わた、わた……
　　あ？　なた、わた、わた、わた、わた……

C　あなた

B　あなた

　　B、C、Aの移動。

A　わたし

　　D・A、Bを見る。

B　へえ、わたしにはあなたの声がほとんど聞こえない。あなた

　　D、手を挙げる。

B　どうにかしてあなたほしい。

C　（客席に背を向けたまま）あなたたち、

B　あなたの声を響かせて

C　あなたたち

B　ほしい。わたしは

D　わたし

B　わたしを聞きたくない、あなたにわたしたっちわたしをか
　　き消してほしい。ただ、少し前から思っている。

C　わたしたっち

　　E、立ち上がる。

B　へ、へ、へえ、わたしはわたしも聞こえない。

E　（客席に向かって）わたし、たっち

B　耳を制御盤にあてつかもうとしているのに

A　わたしたち？

B　音を

D・C・E　あ（倒れる）

64

悲劇だった。

B　あなたもそのくらいはできるはず！　もっと強く弾いてほしい、難しいはずはない。ここは喚き声ばかり、わたしにはわからない、

２周期目が終わり、また３周期をくりかえす。台詞の量が増えてゆく。

「わたし」「あなた」のさらなる反復が始まる。A、立ち上がり上手へ。B、しゃがむ。

A　わたしたち、

B　家畜小屋？

A　わたしたち、

B　設備の停止？　設備が停止したならどうして叫ぶのだろう。力ずくで押さえているのか。

A　わたしたち

B　自動停止？

　B・C、移動。

B　だがそれはすべて静まることを意味しない。力は消えることができない、なにかが消えることなど決して

C　あなたたち

B　ないから、

A　あなた

B　まだ叫んでいる、わたしも除去装置がほしい。わたしの声がわたしにはもうほとんど

A　あなた

B　聞こえなかった、これからはあなたの声

C　あなた？

B　だけ聞きたい、あなたの声がわたしをわたしの声

A　あなた

B　から引き離すように。みなが わたし

C　あなた？

B　叫んでいる、もう誰もなにも わたし

C　わたし？

B　聞かない。あなたの声はなんとかあいだに割り込めるのか。
　　わたしたっち わたしの声

C　わたし？

B　が聞こえると、わたしはいつもわたし

C　たっち？

B　の中に異物が入った感じがする。涙のときと同じ、

A　あなたたち

B　そう、まさに！

C　わたしたっち？

　　A、最初の1歩。

B　ひとは悲しいことに泣く、たとえば誰かが死んだとき。

A　わたしたち

B　それ以上にひとは泣く、目に塵が入ったとき。

C　わたし

B　ただそれは意志とかかわらない わたし

A　あなた

B　涙

D　木村、佐藤、谷本、（客席を指しながら名前を呼んでいく）岸田、
　　大野、井上、宮下、黒田、斉藤、工藤、足立、横田、上田、
　　原口、渡辺、セミョーノフ、

　　F、下手扉から入場。

　　谷川、北上、西田、森下、清水、須藤、青木、山本、島崎、
　　河村、野口、木下、岡田、安原、高橋、鈴木、小河原

悲劇だった。

　　F、舞台へとあがる。

D　　あ？

B　悲しみは？　　ない、……

　このようにして、客席を直接指差しながら「わたし」は、下線を
引いた箇所のように固有名詞の誰でもあるということに展開する。
ちなみに、6人目の俳優Fは遅れて客席奥から登場するが、彼の名
前は「小河原」という本名で呼ばれた。それはZ(観客)の登場を意
味した。『光のない。』は、東日本大震災が下敷きに書かれた戯曲だ
が、大惨事を前に人は言葉を失う。そしてなぜ、「わたし」は助か
って「あなた」はいなくなったのか？　と自問する。「わたし」が
「あなた」であり得たことは容易に想像がついてしまう。そして、
当事者意識がどこまでも持てないまま、持ったつもりの偽善をも抱
えるとき、「わたしたち」と口にしてきた。果たして、どこまでが
その範囲なのかを見失いながら。「わたし、たっち」と少し誇張し
た言い方にしたのは、そのためだ。「たっち」は誰にとってのこち
ら側なのか。イェリネクが「わたしたち」を頻繁に使用するのは、
当然、劇場に集まった観客の意識を呼び覚ますためだろう。

　ついに、悲劇の主人公は「わたし、たっち」になった。その声は
死者のものである。言い換えれば、劇場にいる観客は死を体験して
いるのである。これはレクイエムだろうか。そう、悲劇とはここに
きて誰だかわからない自分自身を鎮魂することに繋がりはじめたの
である。演劇が現実を超えてゆく。

　劇の中盤、ヘリコプターが客席と舞台の上空を行き来する。もち
ろんそれは録音された音響効果としての演出だが、それが大音量に
なるとき、俳優の声はかき消されてゆく。わたしたちの上空を、救
助隊か報道カメラか、あるいは軍機が過ぎてゆく。イェリネクは、
被災者や被害者の惨劇を描いて終わらせない。当事者は「わたし」

なのか「あなた」なのか、決着をつけようともがく。次に引用するのは原作のラストシーンである。私の演出では、5人の俳優に割り振られて発語したが、幕開きのゲームはもはや消化され、ほぼ原作通りに上演された。

B　わたしたちが光。わたしたちをここから出してほしい、もしきみたちにできるなら！　奥深くにいる。光？　わたしたちはここだ！　ほら！　ほら！　わたしたちはなんだったのか、わたしたちはなにを言ったのか。

A　だからわたしたちは助ける、なにかを与える者たちを、そしてわたしたちもそれを与える。朝日という母乳。夕日という飲物、どこでも！　わたしたち自身が光、わたしたちは光をつくる、わたしたちが光！　わたしたちは牛を助ける、乳で、光で、わたしたちは畜舎を照らす、わたしたちは光‐線を放つ亀裂、扉の隙間、わたしたちはなにかを分裂させた、今わたしたちはその裂け目から照らす、そう、わたしは満たす……わたしは満たす……なにを。

B　わたしは付き添う、誰であれ。わたしは付き添う、満たされた者を、そしてわたし自身が満たす、わたしは満たす、伴奏者としてのわたしのパートを、わたしは付き添う、外へ向かう光を。その対価？　わたしたちは未来において自由な人間になる、そうだろう。

A　縮む。曲がる。なにが。

B　判決がほしい。あなたたちの判決がほしい！

　注目すべきは、「きみたち」と「あなたたち」である。最後の最後にこの作家は客席に向かって訴える。判決とはもちろん原発についてだし、民主主義について考えろと迫ったのである。私は感動す

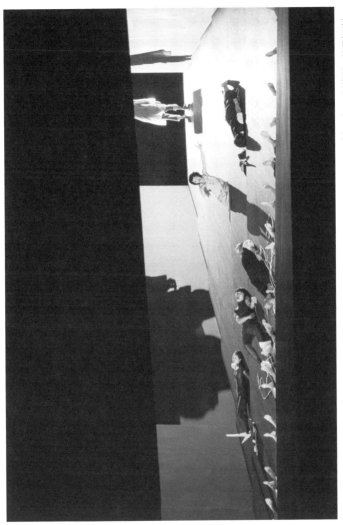

『光のない。』(撮影：松見拓也)

る。どうしてだろう。涙が襲う。客席にいる私は殺されたのかもしれない。線が引かれた。その線は舞台と客席を鮮やかに区切った。かつて「この世は舞台、人はみな役者」(『お気に召すまま』)とシェイクスピアは書いたが、今、その類いのヒロイズムは、ついに踏みつけにされた。人類みな兄弟の世界が吹き飛ばされた。それは暴力的に更新された。結局、「わたし」は「きみたち」と「あなたたち」と呼ばれたのだから。世界はこうして分割され、「わたし」を殺しにかかる。そして無関心、無感動にいる者たちを名指しする。敵は「わたしたち」そのものだと。「わたしたちが光！」とは大正解。原発は「わたしたち」のものだったのだから。もう泣くしかない。この涙は誰に感情移入しているのだろうか……。なんとこの「わたし」にだ。その人はZの中にいた。観客はこうして観客になる。行列してまでも。

　そうまでして観客が見たいのは、やっぱり悲劇だった。

Ⅱ

3月11日は初日だった。

　2011年、KAAT神奈川芸術劇場のオープニングラインナップとして公演が予定されていた地点『Kappa／或小説』(原作：芥川龍之介、戯曲：永山智行)は、3月11日から10日間にわたって上演される予定だった。しかし、3月11日に地震に見舞われ、3月15日に劇場は公演中止を正式発表。公演初日から中止決定に至るまでの過程をここに記録する。

　想像をしていなかったことが起こるのは、よく考えると日々そういうもので、むしろその連続こそが日常だとはわかっている。私たちは、何かを想像して日々を過ごしているわけではないとも言える。しかし、舞台をやっていれば、初日は必ずやってきてしまうもの、やらなければいけないものであるという緊張がある。だからその日だけは、ハプニングを、いつもよりは慎重に想像しながら、粛々と仕事をする。

3月11日（金）
　11時に劇場入り。2階の事務所に寄って制作スタッフに初日よろしくと挨拶。5階の楽屋に荷物を置いて劇団スタッフの調整作業を少し見る。4階の俳優楽屋を覗いて、前日のゲネプロのダメ出しの追加を伝える。5階の楽屋に戻り、舞台監督と本番までの残された4時間半の稽古シーンを確認。制作と来客リストを確認。昼食のために一旦、外出。

　13時稽古開始。本番準備の17時半の締め切りまでに休憩を2回はうまく入れないといけないなと思う。14時半に一度、時計を確認。そろそろ1回目の休憩を入れたいが、うまくいかないので、

3月11日は初日だった。

もう少しねばろうと続ける。揺れを感じる。演出用マイクで「地震です」と言う。前日に震度2程度の揺れがあった際、照明機材の落下する恐れのないギャラリー下に移動することを体験していたので、またかと思い、客席から移動。ギャラリー下で俳優にダメ出しを続けていたが、揺れが続いていることを認識。黙る。天井の照明機材が激しくぶつかり合う音で揺れの強さを実感する。かなりの時間天井を見ていたが、船酔いのような気持ち悪さで立っていられなくなり、壁にもたれて座り込む。この劇場は新しくできたばかりだから絶対に壊れないという気持ちが湧く。扉をすべて開けろ、という劇場スタッフの声が行き交う。扉を開け、そのままロビーに出る。もしかしたらこの建物以外、まわりの建物がつぶれているのではないかと一瞬考える。吹き抜けの1階には、NHK横浜放送局の大型テレビが見える。日本地図が大津波警報で囲われているのを見て、震度が発表されていないことに不思議な気になる。警備員が確認の大声とともにエスカレーターとエレベーターを停止させている。休憩だな、とのんきなことを考えながら舞台に戻ろうとすると、外からサイレン音が一斉に聞こえてくる。4階の楽屋で全員の点呼をするという。免震構造だからこんなに揺れたんだ、という会話をしながら階段を下りる。だから、ひどいのはここだけで別に大したことはなかったのかもと思う。劇団員は、楽屋でひとかたまりになる。ほどなく各自にヘルメットが支給される。このとき初めて、想像していなかったことが起きたのではないかと自覚する。安全確認が終了するまで劇場内への立ち入りは禁止となる。別階への用事は必ず誰かに伝言して複数で移動することを確認。待機。楽屋でテレビを見る。緊急地震速報の耳慣れない警告音とその後確実にやってくる揺れに戸惑う。津波の実況中継に見入るメンバーからあがる声を聞きながら、若い俳優が共演者の腕を摑んで震えているのを見て、おまえは子どもか、と冗談にせざるを得ない状況。支配人が楽屋に無

事を確認に来る。安全確認のため、今日の本番は中止とすることを即時決定。街がひとつ全部なくなるほどのことが起こっている、と支配人。今見たばかりの津波の映像がそれだとはなかなか結びつかない。誰かがテレビ神奈川にチャンネルを変える。横浜でも外壁が剝落した建物があることを知り妙な納得をする。待機。館長が楽屋に無事を確認に来る。福島の原発が心配だ、と館長。いつもの大袈裟な冗談だと、その時は思った。

　18時、安全確認が余震のため進まず。20時の段階で明日以降の動きについて決めることになる。俳優はホテルへ戻ることにする。

　20時、明日の公演は行う方向で決定。そのためには劇場スタッフによる安全確認と、劇団スタッフによる復旧作業が必要という確認。特に照明と映像は揺れによってすべての仕込みを最初からやり直さなければならない状態。とりあえず機材の稼働確認・回線チェックまでを本日中に終了させることを決め、作業。幸い電気系統に問題なし。22時過ぎに解散。都内在住のスタッフ3名が帰宅不可能。ホテルに交渉して相部屋を認めてもらう。劇場の技術スタッフはそのまま残って安全確認作業を続行。制作スタッフは5階ロビーで帰宅困難者の受け入れを行っている。防寒用シートで埋まるロビー。ちょうど芥川龍之介のポスターの前で親子連れが遊んでいる姿を見たとき、この人たちは今日ここに来るつもりは絶対なかったろうに、図らずも公共劇場の役割が果たされていることに感慨を覚える。

　「甚大」という言葉の意味するところは、まだその大きさを計りかねる、ということだろう。つまり事が起こってもまだ想像の及ばないことがあるということだから、いよいよ試されている。こういう時、芸術には何もできない。というよりも芸術がこういう局面で、何かできるというのは自惚れなのではないかとすら考える。今、必要なのは寝床であるという事実。初日を迎えることは延期されたが、

3月11日は初日だった。

不思議と悔しさや無力感はなかった。たぶん公共ということについて考えることで精一杯だった。

23時過ぎ、劇場スタッフを残してホテルに戻る。途中、何か食べ物を買おうとコンビニに寄るがほとんど何もないことに驚く。レジ横にある最後のフライドチキンをひとつ買うが、食べたくないのに買ったことを反省する。ホテルのロビーも、帰宅困難者で埋まっていた。部屋で急遽同部屋となることになった美術家と酒を飲みながら私はフライドチキンを食べる。彼はカップ焼きそば。テレビは大惨事を伝えようとして大惨事。寝る。

3月12日（土）

朝、劇場から電話。一晩中余震が続いたため、安全確認ができていないとのこと。明け方に起きた長野と新潟での大きい地震により、地震そのものの規模がわからないという事態。すぐに劇場へ向かう。

9時。本日中の復旧作業は難しいと判断。劇場スタッフは徹夜明けで疲労の様子。地震の全容についての情報が少ないばかりでなく、交通機関の状況が把握できず。15時の開演をあきらめる。昨日に引き続き中止。当日中の劇場内での作業は行わないことで決定。劇団員にメールでホテルに待機の旨、配信。

昼頃。明日以降の本番に備えた、当日パンフレットの追加文を制作と館長を交え検討。「このたび東北地方太平洋沖地震により被災されました多くの方に心からお見舞い申し上げます。本作では、関東大震災に被災した芥川龍之介自身による震災に関する文章を多く引用しております。地震災害を想起させる内容となっておりますことを予めご了承ください」。何を了承すればよいのかわからないが、これ以外に適当な文章が思いつかない。

15時過ぎ。余震もだいぶおさまり安全確認も完了の見込みという報告を受ける。舞台機構に関しても、外部業者による確認作業が

終了。翌13日の上演は行う方向で打ち合わせ。つかの間の安堵。しかし、劇場スタッフの疲労はピーク。今私が劇場にいることは彼らに何らかの対応を要求することになると思い、ホテルに戻る。今日劇団側が一切劇場に入らないと決めたことは、つまり劇場スタッフの一時的休息を意味している。

17時頃。いつもお世話になっている中華街の店に電話で予約。19時過ぎ。劇団メンバーで中華街を歩く。開店している店が少ない。いつもの店はいつもと同じく美味。みんな笑顔。よほどの緊張が続いていたことに気がつく。胡麻だんごを食べながら、自粛という言葉が不意にいかんともしがたい敵になる予感がする。店内には原発のニュースが大きく流れている。

3月13日(日)

9時より照明・映像の仕込み直し作業。昼過ぎから30分だけ合わせ稽古。本番準備へ。ぶっつけの段取りで臨まざるを得ない演技の部分の打ち合わせを俳優と個別に行う。予定通り15時開演。

2日遅れの初日ということになる。観客は、予定の半分にも満たない70名ほど。失礼だがよく来たなという気持ち。向こうも半信半疑でよくやるなという奇妙な関係。開演前に、劇場スタッフの特別アナウンスを肉声で行う。

「みなさま、本日は交通事情も不安定な中、ご来場誠にありがとうございます。この建物は免震構造になっておりまして、もし余震が発生した場合、揺れは大きく感じられるかもしれませんが、建物内の方が安全です。まずはその場で待機していただき、係員の指示の下で避難していただきますようお願いします。ちなみに照明機材等は絶対に落下しませんので、ご安心ください」。ま、ほぼ揺れますよという挨拶。

2時間の上演時間中、体感する揺れが起こった場合は即刻中止の

3月11日は初日だった。

判断をすると決めての上演。この日は、地点の公演が行われる大ス
タジオのほかに、隣接するホールでも「春風亭小朝独演会」があり、
すべてのスタッフが無線のチャンネルを合わせて上演に臨む。

　幸い、アフタートークも含めて3時間の間、体感する揺れはな
く終了。館長と握手。しかし初日を迎えたという実感が乏しかった
のはなぜか。大きい理由は3つあった。ひとつは、地震発生から
の対応に追われていていつもと違う集中だったこと。次に作品の出
来について。まだまだできることがあるという意味で、冷静ではな
かったこと。これは比較的、いつものことなのだが、むしろこのよ
うな状況でもやはり人は作品そのものを見ざるを得ないということ
がわかったし、観客もまさにそこを見ている空気があった。つまり、
始まってしまえば意外と普通に演劇を見てますよということが貴重
な体験だった。最後に、作品の内容が地震にまつわることが多かっ
たこと。これは、アクチュアリティ（同時代性）どころの話ではなく、
まさに今起こっている、起ころうとしていることとあまりにも合致
しすぎていたこと。これを不運と考えることは道徳的だが、では運
が良かったのかと考えても違う気がした。つまり芸術は、同時代性
などとは一切、関係すべきものではないということかもしれない。
いや、関係するかしないかは、別の次元にあって、そもそも芸術は
独立してあるもので、作り手がそのようなことを意識することは欺
瞞でしかないのだろう。

　もちろん、心情というものがあった。震災の被害者、累々と並ぶ
死骸の描写とともに、「誰も彼も死んでしまえば善い」「そうだ、地
震があったじゃないか。ほんの少し昔。……いや、そうじゃない、
ほんの少し先のことだ」というような台詞がある舞台に臨む俳優た
ちが、今回は見るほうもやるほうも傷付き合いながらがんばるしか
ないね、などとロマンチックなことを本番前に口にしている。いつ
もならバカにして笑い飛ばせることが今はできない。芥川の言う

「ぼんやりとした不安」どころではない。不安しかない。

　終演後、計画停電という聞きなれない言葉を耳にする。劇場内では照明スタッフが作業を継続。明日以降の公演に向けて、今日の午前中の間に合わせの調整以上に精度を高めていく作業を進めていた。

　22時、支配人・技術監督と計画停電決定後の公演実施の判断について話し合う。首都圏がこれまで経験してこなかった事態になるため、交通の件も含めて何が起こるか予測できない、明日一日は中止の判断をせざるを得ないのではないか、と結論を出す。計画停電とは一体何なのか、全容は誰にもわからない。明日は、明後日以降の本番のために、稽古をすることを決め、解散。真夜中、館長より電話。何が起こるかわからないから、劇団員はできるだけひとかたまりで行動するようにとの助言。想像をしていなかったことが起こるのは、よく考えると日々そういうもので、むしろその連続こそが日常だとはわかっている。そして、地震発生以降、この予測不能の連続が日常になっていることを思う。想像の外を想像することが試されている。寝つかれず。

3月14日(月)

　早朝から頻繁に発生する余震で起きる。制作と相談して京都までの新幹線チケットを買っておくことにする。13時から18時まで稽古。この日は余震がひどく、稽古中、何度も緊急地震速報による退避をくりかえす。さすがに集中できないが、それなりにいい稽古になる。メンバーに新幹線のチケットを配る。安心する人を見て、もうこの公演は無理かもしれないと思う。集団は上から決められれば従うしかないが、メンバーの意思統一を実際のところまで図ることは、この状況ではほぼ意味がない。やれることをやるしかない。チケットを配ったことはそのひとつでしかないが、結果的に露わになった誰かの無意識下にある気持ちを否定することはできない。もし、

3月11日は初日だった。

否定するならば捏造した理念を謳うしかないが、我々の表現はそうしたことを嘘として偽善として批評することに本質があるはずだ。

劇場スタッフの間では、今後の公演についてどのような意思決定をすべきか、検討が続けられていた。私たちができることは私たちの仕事を全うすることであり、それは公演を行っていくことだという点を劇場スタッフと共有できていたことが救いだった。自粛や節電という論点で中止が話し合われたことはなかった。しかしながら、余震がおさまらず、原発の問題も勃発してきたなかで、電車の運行状況も不安定だということを考えると、観客の安全を保障できないのではないか、ということが大きな問題としてのしかかる。無論、観客の安全のためだけに公演があるわけではないことは話の前提。だがこの前提は押し進めると無謀に変わる。それでもやるのか、では己の表現は誰に向かっているのかという素朴な問いに公という概念がそうら見たことかと迫ってくる。表現とは何かと足元を見る。……弱い。我々の演劇はまだ脆弱な体質の中にある。

19時過ぎ。KAAT神奈川芸術劇場および神奈川県民ホールは3月いっぱいの全公演の中止を決断。12ステージ予定されていた公演は結局1回限りの上演となった。意思確認が改めて行われ、劇団はこれに同意。後悔なし。創造は、余裕が生み出すものであるとき、初めて豊かになる。政治、戦争、そして災害の只中にあれば確かにその外圧は、表現のバネになることは間違いないし、歴史はそれをくりかえして名作、伝説と呼ばれるものを生み出してきただろう。しかし、と思う。それに依存することはできない。終末論のヒステリーを武器としてはならない。

20時過ぎ。劇団員に公演中止の旨、メール配信。ひどくおなかが減っていることに気づき、いつもの店に電話してみる。年中無休のはずが、休業の返事。

3月15日(火)

　10時。撤収の算段。京都戻しの機材の荷造り、楽屋の片付け。舞台セット撤収は先送り。

　昼過ぎ。帰れる人から順次解散。新幹線の運行状況、混雑具合など逐一メール報告を受ける。私と制作、千葉に親類のいる俳優の3名だけ横浜に残る。夕方。この後に控えるびわ湖ホール公演に向けての最終打ち合わせ。トラック輸送が予定通りできるかどうか、念のために少し早めに輸送したほうがいいかどうかなど。変更に伴う人件費、予算の修正などを相談。

　19時過ぎ。京都に戻った全員の無事帰宅を確認。支配人、制作スタッフとこちらの3名で中華街の中にある、これまた美味の焼き鳥屋で食事。帰り際、大きな余震発生。一気に酔いが醒める。別の場所で食事をしていた技術スタッフは、安全確認のため劇場に戻ったと聞く。

3月16日(水)

　11時。ホテルをチェックアウト。劇場まですぐの距離だが、道が閑散としていることが不気味。残っていた俳優1名も京都へ戻ることにする。劇場事務所に様子見。そのまま、なんとなく打ち合わせ。制作スタッフ、支配人、技術監督、館長。主に今後の残務処理と来年のスケジュール、制作態勢などについて話す。館長室で人が入ったり出たり。結局3時間以上の打ち合わせとなる。やはり、今回の中止についてそれぞれが寂しいということがじわじわとわかる。

　15時過ぎ、制作とふたりで京都へ戻ることを決定。実は、チェックアウトはしていたが、場合によってはまだ残ることも考えていた。

　夜、京都に到着。ホームに下りた途端、空気の重さが違う。平和。

３月 11 日は初日だった。

横浜の劇場の人たちを思う。

３月 26 日（土）

　びわ湖ホール公演初日。「おめでとうございます」の挨拶を方々で耳にしたとき、今まで忘れていたことに気づく。本番とはめでたいことだったんだと。横浜での一度きりの本番は、今思えば奇跡的だった。あの幻の公演がめでたいことだったと思えるには、今しばらく時間がかかることは言うまでもない。

日本現代演劇の変

　「メドヴェージェンコとマーシャは雨が降ったら傘をさすんだ。ニーナとトレープレフは絶対にささない。」

　これは、ロシアで私が不意に口にした冗談である。サンクトペテルブルグにある国立ボリショイドラマ劇場で、私は演出家養成のためのマスタークラスで授業を任されていた。使用テキストはチェーホフの『かもめ』。先の冗談は、演出家の卵たちの心を摑んだらしく、ではアルカージナとトリゴーリンはどうでしょうかね、ドールンはもちろん雨が降っていなくとも傘を持ちますね、ヤーコフは雨の日にはさぼって外にすら出ないだろう、などと大いに盛り上がっている。日本人の演出家からまさかチェーホフを教わるとは想像もしなかっただろうが、さして違和感もないらしく、彼ら彼女らは貪欲に質問してくるのだった。近代から地続きの演劇大国では、チェーホフはロシアだけのものではなく世界のものだということも常識なのかもしれない。

　ちなみに、誰もがチェーホフ戯曲の名台詞をことごとく覚えている。「誰もが」というのは、学生だけの話ではなく観客もそうなのだから嘘みたいな国である。演出家志望の学生たちだが演技のレベルは日本とは比較にならなかった。めちゃくちゃうまいのだからびっくりさせられる。まさかこの国の人々は演技しかしていないのではないか、全員、チェーホフの登場人物なのではないか、などと妄想してしまう。が、もちろんこれには理由があって、実は幼い頃から学校の授業で暗唱させられるのである。誰だってメドヴェージェンコを、誰だってマーシャを、誰だってニーナを、誰だってトレー

プレフを覚えなければならない。それはすなわち、私がメドヴェージェンコで、私がマーシャで、私がニーナで、私がトレープレフだということだ。こうしてリアリズムが形成されてゆくと言えば大袈裟かもしれないが、演劇が身近にある国では、〈わたし〉なりの役づくりが許される土壌があり、それは100年かけて風土となり、今日でもリアリズムの亡霊は健在なのである。

　そんなロシアで冒頭の発言は何を意味したのか。例えば、マーシャが口にする「わたし、不仕合わせな女ですもの」の「わたし」と、ニーナが口にする「わたしはかもめ」の「わたし」と、同じものであるわけがないと言ったのである。雨が降れば傘をさすのが普通だとして、ではそうではない「わたし」とは誰なのか。「ニーナ」であることは間違いないのだが、果たしてその「ニーナ」は〈わたし〉自身の中から生まれるのだろうか、と問うたのである。それは〈わたし〉に対する過信なのではないか。リアリズムは一歩間違うとすぐこの罠にはまるではないか。日常の中の「あるある」探し。〈わたし〉にだってできる感情移入。自己陶酔型のナイーブな演技はやめましょう。とりあえず雨でも何でも降らせて確かめてみましょう。これが演出の第一歩。ところでマーシャが傘もささずにずぶ濡れになるなんてことがあり得るだろうか。あいつは普通に傘をさすに違いない。つまりどこにでもいる〈わたし〉たちだ。ニーナは明らかに〈わたし〉ではないはずだ。ニーナ自身かもめだと言っているからには鳥なのではないか。確かに鳥は傘をささないが……。冗談はさておき、それでは一体、ニーナとは何者なのか。トレープレフとは何者なのか。ラストシーンに自殺する男のことを、まともに〈わたし〉から発想するのは危険なのではないか。まさか自殺自体冗談なのか……。

　このように、〈役〉と〈わたし〉の関係、その距離をきちんと整理して考えなければならないとき、その人物が傘をさすのかささないの

かということは本質的な問題となる。なぜ、人は傘をさすのか、ではなく、ささないのか、と考えることは、世界と私の問題だからである。雨が降っていても、私＝世界ならば、雨は単なる私に付属する一要素でしかない。私にとって雨なんか関係ないと言えるのは、例えばハムレットだった。生きるべきか死ぬべきか、それを問題にできるのは、王子という特権階級に生まれついた人物だからである。もちろん彼にとって雨だろうが晴れだろうが関係ない。だって私＝世界なのだから。そのような「私」は、近代に入って小さくなった。シェイクスピアのような古典と決別する意志を持ってチェーホフは戯曲を書いた。雨を気にしながらも、それでもやはり傘をささないヒーロー、ヒロインはどこのどいつなのかを考え抜かなければならなかった。メドヴェージェンコとマーシャを演ずるように、ニーナとトレープレフを安易に〈わたし〉に引き寄せることはできないのであり、ここに安易な感情移入とは違う、もっと恐ろしい観客の視線が行き交う演劇が登場する。それを便宜上、現代演劇と呼んでいるわけだ。

　さて、今ちょうど、松原俊太郎『山山』の稽古をしているのだが、この作家の台詞をどのように舞台にのせるのかという、まさに〈わたし〉たちの演技が問われている。この難題、大袈裟に言えば近代以降の小さな〈わたし〉たちが一体、何者として現代を引き受けるのか、あるいは引き受けないでよいのかという判断をいちいち下さないといけないところまで、日本の現代演劇は追い込まれてきたことを、この若い日本人の戯曲を読んで感じている。ロシアの事情とも違って、そもそも日本は、近代リアリズム演劇を輸入し模倣するところから始めたのだから、すでに勝負はついていたと言わざるを得ない。結局、覚えなければならない台詞を持たなかったのだから〈わたし〉なりの役づくりなんて100年早い。果たして、我々に覚

えなければならない台詞ができる日がやってくるのだろうか。現代の日本人が日本語で書いた戯曲がすなわち日本の現代演劇なのかと言えば、もちろんそうは問屋が卸さない。似非近代劇に留まっていることがほとんどだろう。あやふやな〈わたし〉による役づくりで解決できる範囲の物語である。そのやり方では、もはや今日の世界をリアルに知覚することが難しくなっていることを、それこそますます小さくなった〈わたし〉たちは感じている。

　演劇はいつの時代でもどこの場所でも、世界を感じたいという人々の欲求が肥大化したときに頭角を現してきた。私が松原戯曲を黙読したときに感じる「変」さとは、とても小さな〈わたし〉たちの集合体が、似非近代的な個人的〈わたし〉に徹底的に抵抗している様子にある。日本人は大抵黙っているから何を考えているのかわかりづらいが、実はこんな入り組んだことを言語化できないからこそ黙っているのかしら、なんてことすら思わせる。演劇を知らない門外漢であるこの作家は、まさに演劇を知らない日本人の台詞を書いている。それらが近代劇の台詞とは異なっているのは確かだが、でもヘタしたら似非現代なのかもしれぬ、と不安に襲われたりもする。私にとって松原戯曲はこうした不安の中に、無茶を覚悟した上に、やはりまだ期待を抱くことができる未知なるテキストである。それは、私が演劇人である前に日本人だということを強く意識させるものでもある。

　　わたしが走るとき、わたしは風景の線になります。わたしが山山を登るとき、わたしは山山になります。わたしがあなたの声を聴くとき、わたしは耳になります。外からやってくるものがある限り、わたしには続々とわたしになるものがやってきて、わたしは決して終わらないのです。

『山山』(撮影:松見拓也)

いずれどのわたしも動かなくなって、外からやってくるものを感覚できなくなり、わたしは終わる。

わたしが終わると仮定すれば、その先には何もない。

そう、何もない。これが、ヒトがよく言う、無というやつだ。

わたしは無を知らない。だから、わたしが終わりになる必要もないということだ。わたしは終わると仮定しない。どこにでも連れていくがいい。

　誰が誰に対して言っている言葉なのか、一見わかりづらいのは、〈わたし〉がどの〈わたし〉を引き寄せても役に立たないということを、どの〈わたし〉をも安易に引き寄せてしまう〈わたし〉と争っているからだ。立場を決めないとモノが言えないのが普通だとしたら、その立場が、自らの中で流転してしまう。立場を決めたそばからそれが無効になる。相対主義の権化となった日本人が登場人物たちだ。私たちはそれが日本語で書かれているから、だから直接的だと思いがちだが、どうもそうではない。つまり、声を通して上演されることを前提とするものが戯曲だとして、この作家の言葉は決して生ではなく、まるで日本語に翻訳された別の日本語のようにまとわりついてくる。これが第二の「変」であろう。

　なぜ、地点が松原戯曲を上演するのかと問われれば、この「変」が、必ずしも作家個人のクセや嗜好に由来するからではなく、実は、小さな〈わたし〉たちの内部ですでに逆転現象が起きていて、それを無視することができないかもしれないという気がするからだ。〈わたし〉たちの限界近く、すれすれの世界を見ておきたいという極めて真面目な気分なのだろう。もちろんその世界とは、日本である。

さらに言えば震災後の日本である。別の言い方をすれば、今日も顔を合わせる家族である。

おはようと挨拶を言わない私たちがいる。言わなくともそこは通じ合っていると思っているから毎日、省略する。しかし、何が通じているのだろう。誰と通じ合っているのだろう。明日の天気のことを口にする私たちは、大自然と通じているのだろうか。自然こそが、神に代わる絶対だということをこの国の人たちはよく知っている。だから今日も天気予報だけは信じたい。しかし、理不尽な出来事を前に私たちがそれを受け入れがたいと思ったとき、天気を信じていても太刀打ちできない。そろそろ〈わたし〉は目の前の〈あなた〉を相手にしなければならない。その〈あなた〉に〈わたし〉の愛は通じない。恥ずかしい。なぜならば愛は神あっての問題だから、今ここでは関係ない。さぁどうする。口を開け。天気以外の方法で愛を語れ。ちなみに家族で政治の話は禁物。誰が決めた？　日本人。現代の日本人たちよ、演技を身につけよう。

家族の前で演技をしようと思ったら、通訳が必要になるかもしれない。私たちは日本語による日本語の翻訳劇を演じるという、「変」な経験をしようとしている。

もう雨は降っている。傘を持たずに外に出よう。自惚れることもなく。ずぶ濡れになることもなく。これは難題である。

戯曲とは何か。ナボコフの応答。

　ウラジーミル・ナボコフの戯曲が初めて邦訳されたというので、おそるおそるページを開いたら、そのまま最後まで読めてしまったのだから、これは大変なことだ。というのも戯曲とは、古今東西、大抵は読みにくい。というのも、読者は舞台上の人物の動きや心理を想像しながら、自分で舞台を組み立てて読まなくてはならない。戯曲というのは複数の「声」を前提として書かれており、そもそもひとりで黙読するのは厳しいものなのだ。名作といわれるチェーホフ戯曲だってその例外ではない。慣れるまでは、どの登場人物が誰について話しているのか、単純な人間関係すら見失う。

　さて『事件』と『ワルツの発明』というナボコフの二つの戯曲を、ひとりで、それこそ一気に熱中して読めたのはなぜだろうか。確かに物語はなかなか良くできている。しかし、それだけではない気がしている。私は物語を追うばかりではない他の楽しみや刺激をこの戯曲の「声」に感じてしまった。

　気になる箇所を『事件』から引用してみよう。ここではあえて役名や場面の説明なしで台詞のみ記してみたい。

　「本当におねがい、もうやめて！　だって、そういうの、ぞっとするほど悪趣味よ。あなたの話を聞いてたら歯が痛くなったわ。」
　「落ち着けって。もういいよ！　俺の言い方が悪いなら、許してくれ、俺を憐れんでくれ、そう嚙みつくなって。それはそうと、ゆうべはほとんど一睡もできなかったよ。」

「うそ。」
　「そう言うと思ったよ！」
　「うそ。思ってなかった。」

（毛利公美訳）

　「うそ」と言われれば普通は「うそじゃないよ」と答える。ところがそうはならない。どこまでもずらされてゆくこのような会話は、平易な言葉使いであればあるほど味わい深い。ちなみに、「歯が痛くなった」は「はがゆくなった」の駄洒落の可能性がある。そのあとの「そう嚙みつくなって」という返答からも、原語では「歯」が、いずれ何らかの言葉遊びになっていることが予測される。まあいい。さらに別の会話。

　「おまえは俺を苦しめたいんだな。」
　「苦しめたいわけじゃないの。せめて一度くらいは、あなたとまじめに話がしたいのよ。」
　「そりゃよかった──だっておまえときたらこの危険をまるで子供みたいに考えてるんだから。」
　「ちがうの、その危険のことを話したいんじゃなくて──あなたとの人生そのものについて。」
　「ああ──いや、それは──勘弁してくれ。」

　「人生そのもの」という核心について、回答は避けられ続ける。少し大袈裟かもしれないが、読者は「それ」について考えてきた人類の歴史を思わざるを得ない。チェーホフの『三人姉妹』で、長女オーリガが終幕に口にする「それがわかったら、それがわかったらね！」に応答しているのではないかと連想してしまうのは私だけかと思いきや、

戯曲とは何か。ナボコフの応答。

　「いや、俺はおまえのことがさっぱりわからない。おまえだっ
　て自分のことがわかっていないんだ。問題はそういうことじゃ
　なくて、俺たちがこんな僻地で朽ち果てそうになってるってこ
　となんだ、三人姉妹みたいにさ。まあいいや……」

ときちんと明言されているので、唸ってしまう。同様に、プーシキ
ン、シェイクスピア、ツルゲーネフ、ゴーゴリー、ゴーリキーなど
挙げればきりがないが、直接的にも間接的にも引用・咀嚼されて、
歴史への応答がちりばめられている。
　一方で単純に笑える仕掛けも施されていることも見逃せない。例
えば、次の台詞を言う人物は、双子の兄弟の兄であるのだが、弟と
すれ違いで遅れて舞台に登場する。

　「今日、まったく偶然に、若い頃からずっと会っていなかった
　冗談好きの知り合いに会ったんです。そいつがいつだったかこ
　んな意味のことを言ってました。弟とぼくは同じ俳優が演じて
　いるんだけど、弟のほうは上手に、ぼくのほうは下手くそにや
　ってるってね。」

　もちろん、「同じ俳優」が双子を演じているのだが、こういう遊
びは、役を演じるという行為そのものに対する批評であろう。俳優
が役になりきることへのおちょくりともとれる。それは、当時確立
したリアリズム演技への痛烈な嫌味でもあった。
　これまで見てきたように、ナボコフ戯曲は全編にわたってユーモ
アに満ちていることは間違いないが、それだけではやはり終わらな
い。終われない。「それ」をめぐって、核心部分に迫ってゆく。そ
のときナボコフは、「夢」を設え、会話は透明度を増してゆく。

「俺たち完全に二人きりだ。」

「そう、二人きり。だけど独りぼっちが二人、どちらも閉じた円。わたしのことをわかって！」

「急いで答えて。あなたは知っているの？　わたしがあなたを裏切っていること。」

「知ってるよ。でもおまえは絶対に俺を捨てない。」

「あなたこそ、わたしをしっかりつかまえていて。放さないで。」

「よく見えない……。なにもかもが、またぼんやりしていく。おまえを感じることができなくなっていく。おまえはふたたび生活に溶け込んでいく。俺たちはまた沈んでいくんだ。」

　我々は、いつも悲観に向かってゆく。しかし同時に、悲劇に登場するヒーロー、ヒロインにはもはやなれない。時代がそうさせない。このような20世紀の憂いをシニカルに、そして何よりも知的に描いているのがナボコフ戯曲である。『ワルツの発明』では、まさにその「悪夢」が描かれる。

　戯曲とは何か。

1. それまでの演劇史を踏襲した上に、さらに何を「声」として発することができるのかという緊張感、あるいは遊びが必要である。これをインテリジェンスと言えば嫌味だが、仕方がない。読者にとっても観客にとっても一種のリテラシーは必要である。

2. 1のみだと本当に嫌味で終わる。知識や経験に頼らなくても成立する言葉の勢いが必要である。台詞の文体。当然ながらこの台詞の文体があって初めて物語は流れ出すのである。

3．昨日までの話に留まることなく未来を見据えていること。無理を覚悟で明日の本音を発すること。そのとき、今日の読者や観客、演劇状況、世界状況を把握していること。

　ナボコフの戯曲を読んで、聞こえてきたのはこのような「声」だった。上演を通してこの「声」が今日、どのように響くのかはまだわからない。ナボコフ戯曲の上演は、ロシアでもまだそう多くはないようである。亡命作家としての境遇や、出版のタイミングに恵まれなかったのが原因でもあろう。しかし、今のところ、黙読の力作であることに間違いはない。まずは黙って読め、ということなのかもしれない。ともかくこの貴重な経験をさせてくれた初の邦訳、出版に敬意を表したい。ナボコフが示した応答は、今日でも無視できない。

小文(エッセイ)

祖父と基督

　突然ですが、私の名前は基です。祖父が名付けた名前で、基本を大切にするようにという思いが込められていると聞いています。私の祖父は明治生まれで 96 歳まで矍鑠としていた教育者でしたが、クリスチャンでもありました。

　祖父の父親は秋田県の大曲というところで、神主をしていたそうです。36 歳で洗礼を受けた祖父が、日本の片田舎で教会におおっぴらに通えるような立場ではなかったことは容易に想像がつきます。ですが私が知る生前の祖父は、長男がいる神奈川県の相模原の家に住み、毎週教会へ通う敬虔なクリスチャンそのものでした。その祖父の愛情を、孫である私は一身に受けていました。私がどこに住んでいようとも毎月決まって達筆の手紙が届き、そこには年金の一部だったろう新札の 1 万円が必ず入っていました。祖父が死んだ時、私はパリで研修中でしたから、周囲の親戚の配慮もあり、わざわざ帰国するのは祖父の意に反するということで葬儀には参列しませんでした。ですので、私にとって祖父の死は、もう届かない手紙によって実感されるものでした。

　さて、今私はこんな感傷的な話をしたいのではなく、そんな穏やかな祖父が付けた基という名が、いくら孫の名前であるとはいえ、どうやら基督にちなんでいるらしい、それはどういうことなのだろうか、ということです。もし時間を巻き戻して祖父と話すことができるなら、「おじいちゃん、ちょっと大きく出たね？」とたずねてみたいのです。

　人はなぜ宗教を必要とするのか。太宰治ら日本の文学者が枕元に

聖書を置いていたのは、宗教的な必要性というよりは物語の辞典としての意味合いが大きかったのでしょう。無論、東北の片田舎においてのキリスト教が、いかに新しいものとして象徴的であったかということはあるにしても。

　話は変わりますが、学生時代、彫刻家の飯田善國先生の自宅に食事に招かれたことがあります。彼の絵や彫刻などは当時の私にはまったく不可解で、飯田さんは私にとって「前衛の変なおじいちゃん」でしたが、帰り際におっしゃった最後の一言が今でも忘れられません。

　「芸術家でも無宗教はつらい」。

　突然口にされた言葉でしたが、戦う芸術家の弱い部分を見たつらい瞬間でした。彼が実際どんな宗教を信じていたのか、それがキリスト教だったのか仏教なのか、私には知るよしもありません。

　祖父は、基督から一字をとって孫に名付ける明るさ、いい加減さを持っていました。宗教絶対、芸術絶対と言っても仕方がない。人間はしぶとく生きる術を持つのだな、と思います。

　さて、太宰治は宗教と芸術について何を考えていたのか。新作『駈込ミ訴ヘ』ではそのつらい部分に踏み込みたいと思っています。

（「神奈川芸術プレス」2013 年 2 月号）

うまいぞ！ ロシア

きのこの壺焼きの壺

　ここ数年ロシアでの公演が続いています。当然ながら楽しみは食べること。これまたロシアでの食事はハズレがないから驚きです。

ウズベキスタンやコーカサスの郷土料理に系譜を持つ料理ときたら、懐かしさすら覚えてしまう味わいを持っています。

　ところで私の趣味は「レシピ通りに作る料理」です。つまり、スーパーに行って旬の野菜や魚を手に入れ手際よくその日の一品をつくるなんてことは、できません。ですから、ロシアから戻りあの思い出の味を再現するなんて試行錯誤をひとりですることも、しません。ここに『家庭で作れるロシア料理』(河出書房新社)というレシピ本が登場します。友人がプレゼントしてくれたことを幸いに魚のゼリー寄せだの、キュフタ・ボズバシュだの(コーカサス地方の豆入り肉団子スープだそう)を作っては「うまいぞ！ ロシア」、と次行ったとき何を食べてやろうか夢想しているのです。

　きのこの壺焼きという、小さな壺にパン生地で蓋をしてそのまま焼く料理があります。作るにはもちろん壺が必要なのですが、例の本には「壺の代わりにマグカップや茶碗蒸しの器などを使うとよい」とある。形から入る私にはこの親切はまったく意味がありません。かくて私の壺探しの日々が始まりました。デパートの食器売場はもちろん、商店街でそれらしき店を見つけては物色しましたが、見つかりません。唯一これはと思ったのが梅干し用のあの茶色い小さい甕で、意を決して店主にたずねました。「これオーブンに入れても大丈夫？」「いや、あかんで。直火はあかん、聞いたことないわ」「直火じゃなくて天火、オーブン！」「……？」この会話自体が日本とロシアの距離にほかならないと悟り、あきらめるわけです。

　そんな折、今年5月のモスクワ公演でついにチャンスが訪れました。現地の通訳さんに「ちょっとお土産に壺を買いたいんだけど……」と切り出すと、「なんだ、私の家にいっぱい余ってるのであげます。捨てようと思ってたんです」。あっさり手に入れることができたのでした。今、そのうちのひとつには、当然のごとく梅干しが入っており、毎日食卓で気まずそうにしているのでした。

うまいぞ！ ロシア

ピロシキの価値

　私がピロシキを初めて食べたのは、もう20年も前のこと、ペレストロイカの真っ只中のモスクワの路上でした。大学の研修旅行、日本の学生がぞろぞろと歩いていると、当時はどこからともなく人々が寄ってきて上着をひっぱられました。旧ソ連軍のコートだの時計だのと交換しろと迫ってくるのです。運が悪いとジプシーの子どもの窃盗集団に取り囲まれ、気がつくとポケットにいくつもの小さな手が入り込むといった次第でした。

　そんな危険な街中に、ドラム缶に油鍋を積んだ、ピロシキ売りのおばさんがいるわけです。私は迷わず団体行動から離れて、ポケットから小銭をまとめて取り出し、おばさんに差し出します。英語も通じませんからもちろん値段はわかりません。いくらなのかわからないその揚げたてのピロシキは、新聞紙に包まれて渡されます。油まみれの新聞紙を食べるようなものですが、これが緊張と寒さの中、実にうまい。ロシアの群衆に溶け込んだような、センチメンタルな気分を味わったものでした。

　さて、今年の正月は京都のカフェ・モンタージュでチェーホフの『かもめ』を上演しました。元日の本番というのはお客さんが来てくれるもので、おかげさまで満員御礼。終演後には1日はボルシチ、2日はピロシキを作って振る舞いました。大晦日から元旦にかけて、私はキャベツの千切りを一生分しました。20年前ロシアで食べたのは揚げピロシキでしたが、今回は焼きピロシキ。実は本場でも焼きの方が主流のようです。カフェのオーナーが、ピロシキ代をカンパ制にしたのですが、ご祝儀の意味も込められていたのか、予想よりもたくさんの小銭が集まりました。やはり、ピロシキの値段は誰にもわからないもののようです。

亡命ロシア料理

　私の趣味がレシピ通りの料理であることは以前にも触れましたが、では塩小さじ１杯だの、だし汁１カップだのをいちいち量るかといえば、そこは適当にやるわけです。ところが世の中には、そもそも目分量を前提に書かれた料理本というものが存在します。日本の代表格は、檀一雄の『檀流クッキング』(中公文庫)でしょう。名人になったつもりでそれこそ適当に作ったら大変な目にあいます。実際、ずいぶん昔ですが、檀の書いた通りに九州男児よろしく豪快な「トンコツ」を作ったら、私は嘔吐せざるを得なかった……。つまり文学から派生した料理本の場合、読むことと実際に作ることとの間には深い溝があり、当然こちらの経験や理性が必要であります。文学は冷静に受け止めねば。

　ここにロシアの危険な文学料理本を紹介したいと思います。その名も『亡命ロシア料理』(未知谷)。1977 年にアメリカに移住したふたりの評論家が辛口の文明批評をしながら祖国ロシアの味を披露しています。本を開けば、白黒写真がわずかにあるばかりで、しかもなぜか材料表示が 50 皿分！とくるから意味がわかりません。読めば笑いが止まらず、作ればうまくいかないので、まさに人生と食事が一体であると教えてくれるわけです。

　「いい食事に必要なのはいい食べ物だ、と考える人は間違っている。あるいはフォークとスプーンだ、あるいはお金だ、あるいは食事をともにする仲間だと考えている人も。これらはみんな無しでも済ませられる。これなくしてはいい食事などはあり得ないというもの──そう、それは食欲だ」という一文に出会えば、それは哲学と生活が結ばれる瞬間です。みなさん、おいしいものを食べて生きていきましょうね。　　　　　　　　（「シアターガイド」2013 年 2-4 月号）

寂しいパリ

　僕がパリに住んだのは、もう 10 年以上も前になります。文化庁の派遣芸術家在外研修員という身分で、演出の勉強をするという目的でした。毎日、どこかしらの劇場に足を運び、夏にはアビニョンをはじめとするヨーロッパ各地の演劇フェスティバルを視察したりもしました。今から振り返ると夢のような日々でしたが、同時によく寂しくなかったな、と思います。かの夏目漱石がロンドン留学で心の具合が悪くなったのは有名ですが、時代が違うとは言え、ヨーロッパの都会で日本人がひとりで暮らす孤立感は、今日でもさほど変わらないのではないかと思うのです。インターネットの普及は世界をグローバル化したけれども、しかし、そこに住む人々の関係においては、例えばアパートの家賃を払う際の大家さんとのやりとりでは、あまり役に立たないものです。

　僕のパリのアパートの大家さんはポルトガル人でした。家賃を現金で支払うことにしたのは、銀行振込だと国際送金になって妙に大袈裟なことになってしまうからではなく、ポルトワインを 1 本もらわなければいけないからでした。リスボンに住んでいるという娘さんが箱で送ってくるというそのポルトワインはフランスで買えるような高価な年代モノなどではなく、毎日気軽に飲むべきものでした。「あなたが寂しいとき、友達と一緒に飲めば大丈夫」と毎月、家賃の領収書と一緒にもらうのが常でした。「僕は寂しくないので、こんなにおいしいものはひとりで飲みます」とお礼代わりに冗談を言ったりしていましたが、実際、パリという都会に住むポルトガル人夫婦は、何十年住んでも、寂しい気持ちがどこかにあったのでし

ょう。ひとりで住んでいる日本人の僕が寂しくないわけがないという優しさ、外の者同士の気遣いがそこにはあったように思います。

　おそらく漱石も食文化の違いから始まる異文化体験を経験し、一介の日本人であることを否応なく意識したであろうし、時にいわれのない差別にさらされたことでしょう。寂しくない僕でさえ、パリに住んでから「racisme」という単語をのこのこ辞書で調べることがあったのですから。「人種差別主義」と訳されるこの言葉は、島国から出た日本人がまず学ばなければならないヨーロッパの洗礼であり、また近代の屈折でもあるのです。ロンドンやパリといった世界都市において顕著化する個人主義、自由主義の根底に横たわっている保守性とでも言いましょうか。植民地主義という19世紀の国策が、自国に人種のるつぼを生み出し、生粋のパリ市民でさえあらゆる局面でアイデンティティが問われるということを、僕はパリで知りました。それは漱石の時代からちっとも変わらずに漂っている西欧の空気だと思うのです。

　さて、ジャン・ジュネというフランスの作家は、捨て子であり、泥棒もして刑務所で過ごす時間も少なくなかったわけですが、やはりマルセイユやパリという大都会で生活したことが、彼の中に不思議な寂しさを宿していると思います。まるで外国人のように自国の都市に生きるという稀な環境が彼の生涯に用意されていたと言ってもいいでしょう。彼の才能を認め、恩赦のために尽力したのがジャン・コクトーでした。コクトーがジュネのどこに惹かれたのかは様々な発言が残っているでしょうが、僕なりに考えると、やはり大都会における孤独、ナショナルなものに対する違和感を内側から告発せざるを得ないジレンマ、あの不思議な寂しさの感覚を共有していたのではないかと思うのです。

　その不思議な寂しさが表出した作品として二つの戯曲が思いあたります。ジュネの『女中たち』とコクトーの『声』です。パリ研修

中、これらの作品が実際に上演されるのを見ることはありませんでした。古典と現代劇のちょうど狭間にあるからなのでしょうか。ですからどちらの作品も本で読んだ経験しかありません。しかもパリにいる頃は読んだ記憶がありません。今になってこの二つの作品は、パリの思い出を急に生々しいものにするような匂いがして、よくわかる気になるのです。

『女中たち』では、ふたりの女中が女主人の留守の間に奥様と女中を演じ合います。「ごっこ遊び」だったものが、やがてエスカレートし、奥様を殺したいという願いの中で、奥様役を演じていた女中が本当に服毒死してしまうという結末です。演技という遊びの中で、現実のみじめさを紛らわそうとする果てに、正気になることができなくなった人間の状況を極めてシニカルに描いた、階級社会の闇をえぐり出した作品です。

コクトーの『声』は、それよりも前に書かれた作品ですが、こちらはより現代的な設定です。アパートの一室。寝室の一隅が舞台で、失恋したと思しき女の電話している様をひたすら見続けるという一人芝居です。最後には、電話線を首にかけて受話器を落とすという結末で、これも自殺を暗示するような幕切れです。僕がこの作品を読んでいてよくわかると思ってしまうのは、その女の気持ちに感情移入できるからではありません。僕が住んでいたパリのベルヴィルの部屋は２階にありましたが、この女はもしかしたら同じアパートの５階あたりに住んでいたかもしれないと普通に思えてしまうのです。戯曲中、彼女がオートゥイユのアパートに住んでいるらしいという台詞がありますから、全然違う場所でむしろ安心したくらいです。

もう少し『声』という作品に触れたいと思います。この戯曲を一見すると、「……」の多さにまず気がつきます。普通、この表記は、台詞の心理的な間を表現するために用いられることが一般的ですが、

この戯曲においては違うようです。

> はい、もし、もし、…………いいえ、ちがいます。混線してる
> んですよ。一ぺん切ってみてくださいませんか…………もしも
> し…………いいえ、こちら、局じゃありません…………まあ！
> ……………もし、もし…………あらまた。そちらがお切りに
> なったらどうなんですの……

（岩瀬孝訳）

　これは、冒頭の台詞ですが、「……」は、電話の相手らしき人物
が話している闇の役目を果たしています。しかし、次のような台詞
はどう考えたらよいでしょう。

> ………………芝居している？　………………………もしもし
> ………………………それ誰のこと…………………わたしが芝居を打
> っているんですって、わたしが………………あなたはわたし
> の性質ごぞんじじゃないの、わたしにそんなことできっこない
> でしょう…………

　こうなると最初の「……」の感じと違って、話す相手がそもそも
いなくて電話も通じていないのに、電話をしているお芝居をしてい
るのではないかと思わされます。もちろん、観客はこれが演劇だと
わかっているわけで、舞台にある電話が本当に通じていて誰かとし
ゃべっているとは思わないわけですが、そういうお約束すらもうっ
ちゃってしまうような台詞になっているわけです。パリのアパート
の一室で孤独に打ちひしがれる人物が、電話という手段で外界に繋
がろうとする状況を描いたこの作品は、まさにパリという都市が孕
んでいる寂しさを書いています。きっと、この女は大家さんに会う

ときにはにっこり笑って挨拶していたに違いないのですから。

　ところで、コクトーがエディット・ピアフと友人であり、ピアフの死んだ日にショックのあまりに心臓発作で後を追うように死んだというエピソードを最近になって知りました。やっぱりそうか、と僕は合点がゆきました。『声』の登場人物の女は、本当はベルヴィルに住んでいたのだと思います。なぜならば、ピアフが産み落とされたといわれるアパートは、僕のところから歩いて５分の場所でした。音楽に疎い僕でさえそのアパートを通るたびに、ここがあの貧しい家庭環境に生まれたピアフの生家かと感慨深く思っていたものでした。この妄想はあながち間違っていないと思わせるのがやはりパリのアパートの力であり、パリという幻想なのです。

（「APIED」22 号、2013 年 12 月）

「わたしはあなたを愛している」と、言えるのか？

　2018 年 6 月、独ライプチヒ大学に「ベルトルト・ブレヒト客員教授」として招かれた。以下はその際の記念講演スピーチ原稿である。当日は日本語によるスピーチが通訳を介して現地の聴衆に届けられた。

　ご紹介ありがとうございました。劇団「地点」の仕事、とりわけ俳優たちとの共同作業による地道な取り組みを評価していただいたことは私にとって大変光栄なことです。あらためて今日この機会をくださったみなさんに感謝いたします。

　さて、今日の私の話、「「わたしはあなたを愛している」と言えるのか？」ということについてさっそく考えてみましょう。みなさんは驚かれるかもしれませんが、日本人は「わたしはあなたを愛して

いる」とは言いません。まず、日本語において主語は省略できるので、〈わたし〉と言う必要がありません。さらに目的語も日常会話では省略することが多いので、〈あなた〉も言う必要がありません。そして大半の日本人はキリスト教徒ではないので、〈愛〉ということを理解していません。これは個人的な見解ですが、やはり神という存在を考えることなしには、愛について考えることはできないのではないかと私は思っています。

　人は神の前に愛を誓う。仮に愛する人とその相手しかこの世に存在しなければ、愛の告白は無用です。

　話を戻すとして、〈わたし〉も〈あなた〉も〈愛〉も言う必要がないとなると日本人が口にできるのは、正確にはこうです。「……は……を……している」奇妙でミステリアスですね。何を言っているのかさっぱりわかりません。ヨーロッパの人々から、日本人は何を考えているのかわからないとか、自分の意見を主張しようとしないとか思われるのは、このような文化的背景、我々日本人の固有の文化と結びついている言語の特異さに理由があります。

　今日は、日本語の文法の話をしたいわけではありません。演劇の話をしたいと思うのですが、やはり演劇は言葉に大きな力がかかる芸術ですから、私にとって言語のことは無視できないのです。私は日本人ですが、そのこと自体が重要なことでなくとも、私が日本語で思考しているということは私にとって大きな問題です。

　また別のことを考えてみましょう。もし「わたしはあなたを愛している」という台詞があったとして、果たしてこれは良い台詞でしょうか？　あまりにもストレートです。日本人に限らず、どの国の俳優でもこの言葉を口にするときは、さすがに少しは慎重にならざるを得ない。状況や心理を確認し、補強しなければならないでしょう。ですから劇作家たちはそれぞれに工夫して別の言い方で愛の告

白を書いてきたのです。言葉に対峙すること、独自の文体を形づくることが古今東西の劇作家の仕事でした。

　ある劇作家は「わたしはあなたを愛している」の代わりに「ああロミオ様、ロミオ様、あなたはどうしてロミオ様なの？」と書きました。「〈わたし〉はジュリエット」という疑いようのない〈わたし〉の絶対性に支えられた問いかけでした。その疑いようのない名前をあえて捨てようとして、つまり〈わたし〉を捨てようとしてあのカップルは死にました。名前（家名）というアイデンティティにこだわった末、自分自身の存在が失われたのでした。シェイクスピアはその原因をきちんとロレンツォ神父による恋人たちの引き合わせについての完全なるミステイクという仕掛けにしました。やはり、愛は神との取引をめぐって問われたのでした。シェイクスピアは、意図的に、この望まぬ死の責任者として神父という神の奉仕者を選んだのです。このことは、いかに愛の誓いが神への誓いと直結しているかを示しています。

　「あなたは僕を、愛していない！」と告白してみせたのは、チェーホフでした。シェイクスピアの時代とはずいぶんと事情が違うようです。三人姉妹の三女であるイリーナはこの告白にこう応えます。「それ、あたしの力じゃ、どうにもならないの！」。そしてこうも付け加えます。「あたしはあなたの妻になります。忠実な従順な妻になるわ。けれど愛は別よ！　仕方がないわ！」。愛していなくとも、結婚の約束をするカップルを前に、今、私たちは、正々堂々と泣いていいと思います。この台詞の裏側には、神の存在の後退と〈わたし〉の絶対性がもはや失われたことに対するあきらめがあるのですから。しかし残念ながら私は、そう簡単に涙するわけにもいかないのです。主語も目的語も愛も省略できる日本語で思考する私にとって、シェイクスピアであろうがチェーホフであろうがちょっと恥ずかしいのは同じなのです。

今日、私は、ベルトルト・ブレヒト先生なので、彼の戯曲を引用しなければなりませんね。「わたし、あなたを愛しています。狂ったメス犬のように愛しています。あなたがそう言ったのよ。さぁ、ではお金を払ってちょうだい。そうよ。わたしは払ってもらいたいのよ。お札をちょうだい。それで暮らしていくわ」(『都会のジャングル』マリーの台詞より)。

『ブレヒト売り』(撮影：松本久木)

　……私は何かコメントしなければなりませんね。
　……(ドイツ語で)マイン、ゴット！(「オー、マイ、ゴッド！」)
　──聴衆の笑いを待つ。

　いずれにせよ、みなさんに想像していただきたいのは、日本にいる私が翻訳戯曲を上演するとき、基本的に恥ずかしく、とても困っ

「わたしはあなたを愛している」と、言えるのか？

てしまうということです。日本において伝統芸能以外はすべて輸入された演劇なのです。輸入された異なる言語で書かれた演劇を取り扱うにはどうすればいいのかということを、ゼロから考え直さなければならない。これが私の仕事です。そこには、メソッドやシステムなど高尚なスタイルはありません。自分の日常とはかけ離れた言葉をどのように、嘘なく人前で言うのかということを俳優たちと一緒に考えるのが私の演出家としてのマナーです。そして、現時点での私の境地から言えば、演劇のテキストというのは必ずしも自分の実感や体験に近いものである必要はないということです。ただし、そこに嘘があってはならない。なぜなら、それはばれるから。誰に？　もちろん観客にです。日本の観客は、静かでおとなしいですが、実はずる賢いのです。それはテキストやそれが書かれた文化との距離がそうさせています。そもそも愛を理解する必要がない土壌で、舞台の上で愛を口にする俳優への疑いは、厳しくならざるを得ないのです。

　しかし一方で、どんな言い方であろうとも、結局は「わたしはあなたを愛している」と伝えないといけないときが、私にとっての演劇なのです。私がずいぶんとロマンチックなことを言うと思ってはいけません。私の劇団「地点」は、これまで何度も日本を飛び出してきました。ロシアでチェーホフを、イギリスでシェイクスピアを、そしてドイツでブレヒトを上演してきました。はるか遠くから日本人がやってきて劇作家の母国で上演を行う。高いハードルですが、驚くべきことにたくさんの愛を分かち合ってしまったのです。省略してもよいはずの〈わたし〉と〈あなた〉を分かち合ったのです。むしろその〈わたし〉と〈あなた〉の不確かさを演劇が補強したのです。そのとき〈わたし〉と〈あなた〉の間にあるのは、神ではなく、各国の顔の見える観客でした。カップルたちが必要としているのは、実は〈わたし〉と〈あなた〉の関係ではなく、それを見ている観客との関係

なのだということを、私はブレヒトから勝手に教わりました。異化効果！

　演劇は、観客と俳優の間にある。そこにはいつも新鮮な愛が必要なのです。私はそれを求めて、ここにやってきました。ライプチヒ大学の学生諸君と一緒に、それを見つけることができると確信しています。省略好きの日本人の演出家は今、心の中で、密かにこう叫んでいます。

（ドイツ語で）「イッヒ、リーベ、ディッヒ」（「わたしはあなたを愛している」）。

（日本語で）「アリガトウ」。

椅子とか、椅子とか、新作とか、

　海外公演に行ってまずやることは、その劇場の大道具倉庫と小道具部屋を覗くことです。しかしいきなりは案内してもらえない。というのは、先方はあらかじめこちらが注文していた舞台セットの部材や椅子などをすでに目星をつけて用意してくれているからで、それを見る前に、もしくは見た直後に、他の物が見たいとなると、用意してくれていたものがダメだということになり、現地のスタッフに気持ちよく仕事してもらうためには言い出すタイミングに気をつけなければいけないのです。最近は、しょっちゅう海外で公演して慣れたせいか、いけると思ったらすぐに倉庫を物色したりすることもよくあります。いずれ、しっかりした劇場であればあるほど、この見学は楽しいわけです。「これは『検察官』で使った椅子です」とか「こっちは『戦争と平和』です」とか「このウィーン風の椅子

は、あと 20 脚はあります」とか「このテーブルは何でここにあるのかしら」などと係の人の説明を聞いているとその劇場の歴史がよくわかる。そんな説明を受けながら、この椅子の座面がもっと破れていたらかっこいいのにな、とか、こっちの脚の 1 本は鉄に変えたら最高だな、とか、ウィーン風とは食堂にもあった曲げ木のことね、とか、余計な想像をしながら、「これとこれとこれがすばらし

『ミステリヤ・ブッフ』(撮影：山西崇文)

い、イメージにぴったりです。どうしても使わせて欲しい」と言ってどんどん舞台に運んでもらいます。集まった椅子を眺めながらさらにどれを使うのかを吟味してゆきます。こうして出たとこ勝負で舞台セットをアレンジする能力は、ここ数年で格段に高くなってしまいました。今では、現地の劇場にある過去の作品の部材や家具を駆使して舞台を組んだほうが、日本からお金をかけて輸送するより

も、むしろクオリティが高いのではないかと思ってしまうほどです。

　こんな経験をしていると新作をつくるとき、妙なことが起こります。今度は自分のアトリエにある小さな倉庫を物色します。レパートリーで使用している部材や椅子が所狭しと待機しているのを見ているうちに、次はこの椅子の座面を全部なくしたらおもしろいかもしれない、とか、次はあの椅子を揺り椅子にしてみるか、とか、作品とは直接関係ないことを考えます。そんなでたらめな思いつきを携えて「村上椅子」に行くわけです。村上さんは、夫婦で椅子の張り替えをしている椅子屋さん。アトリエ「アンダースロー」をつくるときに、客席の椅子やロビーのベンチ、テーブルにいたるまでほぼすべての家具の面倒をみてくれた抜群のセンスの持ち主です。日用品を専門としている彼らに舞台で使用する椅子の話をするのはきっと奇妙な相談に違いありません。座面がなくて座れない椅子のことや、わざと荒っぽい仕上げにしてもらうことや、大きく揺れて安全ではない椅子を要求するわけですから。そんな無茶な注文を確実に形にしていく技術と発想にはいつも感心させられます。

　こうして私は、いつの間にか椅子に詳しい演出家になりました。いや、椅子のことというよりも、どうやって人は椅子に座るのか、あるいは座らないのかということをひどく気にするようになったということです。想像してみてください。舞台にぽつんとひとつだけ椅子があるとします。やがて人はそこに座るでしょう。座って何かについて語りはじめるでしょう。しかし観客はその通りにはならないことを望むのです。むしろ椅子を逆さまに頭にのせてみたり、座ったかと思ったら座面が抜けていてお尻がすっぽり嵌まってしまったり、さらにそこから抜け出せなかったり。はたまた揺り椅子が止まらず、気分が悪くなっている人を見たいわけです。椅子が椅子として、人が普通に座ることができるとき、やがて劇は終わるでしょう。椅子ひとつで闘う。椅子ひとつすらない舞台でも闘う。その場

合は壁に寄りかかるしかないでしょう。最後は床に寄りかかる、つまり人は倒れる。私の最近の演出はこんな具合です。

（「CHITEN CATALOGUE 2017」）

床問題

　アンダースローをつくって3年目を迎えます。来てくれるお客さんは一様に、舞台のでこぼこした板張りの床を褒めてくれます。アンダースローをつくるとき、建築家や大工さんとの打ち合わせはまさに体力勝負でした。ここで妥協したら後悔しかないと、劇団のメンバー全員で知恵をしぼったものです。実は、舞台の施工は工事の最終段階だったこともあり、床材の決定については先延ばしになっていました。いよいよその段になって工務店から板の見本が届きました。私たちは無意識に、一番安価な杉材を張るものだろうとどこかで思っていました。むしろ色をどうするかという方に話題が向きました。というのは、私たちにとって舞台の床というものは、砂を撒いたり、好きなところに釘を打ったり、作品ごとに自由に扱えるいわば消耗品であるべきで、気兼ねなく傷をつけていいものだと考えていたからです。傷んだら張り替えればいいもので、色も黒に近づくのが無難だろうと思っていました。

　ところが、いざ、その普通の床材の見本を見たとき、大袈裟に言えば、私はなんとも言えぬ不安にかられました。これでいいのか？と劇団のメンバーに問いかけました。我々が立つ舞台とはこれでいいのかと問うたのだと思います。杉ではなく檜ならいいと思う人間はもちろんここにはいません。つまり、現代演劇を営みとする者と

して、舞台とはどこなのか、それは確定できるのか、という本質的な問いを突きつけられたのでした。まして、自分たちの劇場をつくるというとき、何をしたとしても観客にはその思想らしきものは伝わってしまうという焦燥でした。この問いに答えねば先に進めない。具体的にどの素材にするのか、本当に板張りなのか、それともゴムマットなのか、それとも絨毯なのか、それとも、それとも……と、

『ワーニャ伯父さん』（撮影：松見拓也）

一から考え直しました。その結果、やはり板張りで、けれども〈ボルドーパイン材／スプーン、ナイフ〉というちょっと変わった商品に決めたのでした。

　でこぼこした床面は、日本の古来から伝わる「名栗加工（なぐり）」と呼ばれるもので、手斧（ちょうな）で削って模様をつける手法です。お寺の縁側で目にしたり民家の柱に用いられたりしているものでした。たまたま見

本にあったのが、フランスのボルドー産のパイン材で、模様がスプーンやナイフで削ったような柄なので、〈スプーン〉と〈ナイフ〉という商品名になっているのです。メイン舞台側を〈スプーン〉にして、可変できる客席側を〈ナイフ〉にしました。ちなみにアンダースローの入り口の扉もこの〈ナイフ〉で統一しました。〈スプーン〉は〈ナイフ〉よりもでこぼこしています。俳優のひとりが、小さな見本の板に膝をつき、痛い、と言いました。別の俳優は、これじゃ激しい動きをしたら躓くかもしれない、とも言いました。椅子やテーブルなどの家具を置くときに不安定なのではという意見も出ました。しかし、皆そういう不満を言いながらも、どうもこれしかないという確信はあったのでした。

　我々の立つ舞台は、まさにでこぼこな不安定なものである。商品のカタログには、湖の波のような、あるいは砂漠のような文様を醸し出します、とも書いてある。これしかない、とすがりつくように、我々は「普通の床」から逃げ出したのです。観客のみなさんに、まさかここまで悩んだことを言いたいわけではないのです。かっこいいですね、とか、素敵です、とか褒めてもらえることが、我々にとってどれほどうれしいことかをお伝えしたかったのです。

　どうか現代演劇の舞台を、我々の地面を見に来てください。いつだって待っていますから。

（「CHITEN CATALOGUE 2015-01」）

『CHITEN の近現代語』 という物語

　大日本帝国の始まりと終わり、すなわち日本の近代の始まりと終わり、そして現代とは何か、という目一杯の背伸びをしてつくったのがこの作品です。使用テキストは、大日本帝国憲法をはじめ、犬養毅の国会演説、さらには玉音放送口語訳、日本国憲法前文などいわゆる歴史的文献、いや政治的テキストが目白押しです。なぜ、わざわざそんな堅いものを芸術が、この場合は演劇が、取り扱わなければならないのかとさすがに自問します。「陛下、戦争責任についてどう思われておられますか？」という質問は、1975 年に日本記者クラブの会見で実際に昭和天皇（裕仁）に向けられた一記者の言葉です。それを、今日の舞台で台詞として発する意味はどこにあるのでしょうか。重すぎます。三浦は、俳優を借りて歴史を弄びおもしろおかしく茶化し、いやしくも芸術の力を借りて政治的主張でもしているつもりなのか、と思われるかもしれません。誰が？　わからないけれど誰かがそう思うのではないかと気にしてしまいます。

　一方で、ロシアの映画監督アレクサンドル・ソクーロフの『太陽』を見たときのことを思い出します。日本の敗戦を主題にしたこの物語の主人公は昭和天皇でした。私は、ソクーロフの映画が好きな者ですから、これよりも評価すべき別の作品がいくつかありますが、やはり特筆すべき作品だと思います。見終わったあとよく覚えているのは、生意気覚悟で言いますと、なぜ、この程度の映画が日本人には撮れなかったのかという気持ちでした。撮るべき対象、語るべき事象、考えるべき歴史、それを軽々とやられたのです。これはソクーロフが外国人だからということではありません。彼はレー

ニンについてもとっくに映画にしています。ここで重要なことは、では例えば『太陽』は、ノンフィクションなのかフィクションなのかという問題です。もし、ノンフィクションならば、政治的な意味合いが先行しますし、フィクションならば天皇讃歌の色が強まるでしょう。もちろんそのどちらでもない感動を私は覚えました。「この物語はフィクションであり、実在の人物および団体とは一切関係

『CHITENの近現代語』(撮影：松本久木)

ありません」とは決して言えない物語。とりあえず、物語はここまでは進歩しているわけです。

ではその物語に大小があるのか？ということを考えます。例えば、今晩のおかずがうまい、まずいと感じることは小さな物語だとしましょう。付き合って間もない恋人同士が食事をすれば大抵のものはうまいでしょうし、お向かいの夫婦のみそ汁がしょっぱいのは、

倦怠に原因があるわけです。いずれにせよ些末な日常の喜怒哀楽は生活であり、われわれはその生活を糧に生きるほかない。例えば、沖縄の基地問題は大きな物語だとしましょう。戦後レジームからの脱却をうたってみせる首相を持つ国民の喜怒哀楽はあまりよく見えません。いや、間違えました。沖縄の人々の「怒」も「哀」もみんな見ています。だから正確には、よく見えないのではなく見ないようにしている何かがある。小さな物語は実感として存在し、大きな物語はその実感が持てないと思うのは、欺瞞なのではないか。誰が欺瞞？　わたしかもしれない。いや、あなたかもしれない。この自問はあなたへの質問に変わる。「あなた、戦争責任についてどう思われて……」、それは失礼かもしれないけれども仕方のないことです。なぜならば、あなたもわたしだからです。わたしもあなただからです。生活する者だからです。この地区で、この社会で、この国で、そして世界で。

　手の届く範囲の些細な日常のリアリティ、「ある、ある、そういう感じわかる」と満足するのは、物語を低く見積もっているに過ぎません。実は、「ない、ない、そんなことは信じられない」とくすぶる気持ちにこそ、物語は潜んでいるはずです。手が届かないと思っている、そう思い込もうとしているのは、誰か。この犯人捜しに飽きてはいけないのです。犯人は必ずいますよ。

　今晩のおかずがまずいのは、沖縄の倦怠であるはずだし、沖縄のめしがまずいのは、本土のおかずがうまいからです。いや、また間違えました。沖縄のめしは、いつだってうまい！　うちなーで食べれば言うまでもない。日本人は沖縄人なのです。わたしがあなたに問うように、沖縄人は日本人なのです。これは大きな物語でしょうか。小さな物語でしょうか。関係ない。わたしたちは物語に大小をつけることで、物語そのものを見ないことを覚えすぎた。『CHITEN の近現代語』は、だから誰かの物語です。その物語とは、

日本の近代の始まりと終わり、そして現代とは何かという、まずは通過しなければいけないものでした。普通の物語なのです。特に劇的なものはない。みんな知っているお話です。これをおもしろおかしくするのは至難の業です。だから、おもしろくないかもしれない。日本の政治がおもしろくないように。しかし、あなたが日本人ならば、この演劇を残念ながら無視できないのです。

「この物語はフィクションであり、誰だかわからない不在の人物および団体の一切と関係しています。」

（『CHITEN の近現代語』パンフレット、2014 年）

呼吸の実感

最近というか、ここ 2 年の間はまっているのがパイプです。禁煙したときに 1 ヶ月もしたら無性にタバコをやりたくなり、以前から興味本位で集めていたパイプを使ってみようと思ったのがきっかけ。京都に専門店があり、一からやり方を教えてもらって、今では歴としたパイプスモーカーとなりました。

週に一度その店に行って葉っぱの話やパイプのメンテナンスの相談をしたりするのが最大の楽しみとなっています。店でのおしゃべりは、パイプ以外の内容としては、最近はほぼ二つにしぼられます。ひとつは喫煙者迫害についての店主の嘆き。もうひとつは、私の素性がばれているので、演劇の仕事についての質問。この二つは似て非なる話題のようでいて、実は共通項があり、とても興味深いのです。

昨今の禁煙ブームは喫煙者へのもはや差別的処遇にまでエスカレ

ートしていますが、禁煙推進の根拠になっているのが健康論です。タバコを吸えば健康を害する、という正義です。店主（意外にも女性で、この店の人気の秘密はこの人の存在だということを付け加えておきます）は、タバコを嗜むことが必ずしも健康を害するわけではないと論を張ります。そして、自動車の排気ガスの方がよっぽど健康を害すると言います。私はこの論法ににやりとしています。それはタバコの害と排気ガスの害を比較している時点で健康論にのまれていると気づくからです。人は果たして健康を目的に生きているのか。生まれた瞬間に死に向かっているのだとすれば、その過程が長かろうが短かろうが結果は同じことだと思うのです。

　ここでタバコの害と演劇の害について考えてみましょう。演劇がよりわかりやすくやさしく人々に影響を及ぼす、なんてことはありません。タバコと同じように、無縁であるに越したことはないのです。ここで誤解を恐れずに言いましょう。タバコをやろうがやらなかろうが人は死に向かいます。演劇を見ようが見なかろうが、もちろん人は死んでいきます。人間は健康ではいられないからこそ毒を必要とします。毒を味わえばより死を悟ることができます。私にとって週に一度のタバコ屋通いは毒を確認するために通っているようなものなのです。が、ここではっきりさせておきたいことは、それでもタバコはそんなに強烈な毒ではないということです。今の日本における演劇がそんなに毒にはならないように。

　さて、せっかくなのでもう少しパイプの魅力について語らせてください。

　ひとつには時間。紙タバコをやる人はわかると思うけど、あれは３分とか２分とかでリセットする。パイプは30分、40分とやるので時間を切れない。途中でやめても、後で火をつければまたやれる。そんなに味も変わらない。つまり時間をリセットせず、記憶する。ずっと続いている。ひたすら生きるようにひたすら吸う。ずっ

と吸っていると、ときどき吸っていることを忘れることがあって、ふと、「あ、今吸ってた」、言い換えると「あ、今呼吸してた」と思う。人は呼吸しなければ生きていけないということをパイプをやりながら自覚する。まあ、そこまで無心に吸えるようなことは１週間に１回あればいいほう。でも、人は１週間に一度「俺、生きてる」って思うだろうか。そういう意味では、パイプは生を自覚するための最高の小道具だと思うのです。

　あとはお国柄。外国旅行してふと食べたピザがうまかったこととかあるでしょ。ドイツ人はこういう葉っぱつくるんだ、やっぱイギリスは質実剛健だな、日本のキセルはこう来るか、といったことを楽しむ。毎日が外国旅行。それがパイプの魅力。それ以外に何もない。

（「げきぴあ」2012 年 11 月号）

演劇がリアリズムであること

　「たまりかねて、芸術座のずっと手前で、ポロンスカヤがタクシーを乗り捨てたとしたら、どういうことになるか。前述の通り、芝居の稽古が始まるまでに、まだ三十分近くの余裕がある。タクシーを降りた地点からルビャンカまで、１キロに満たない道のりを、二十一歳の健康な女優なら十分足らずで歩いてしまうだろう。ポロンスカヤは歩き出す。考えながら、胸騒ぎと戦いながら。だが、歩けば歩くほど、ルビャンカに近づけば近づくほど、動悸は早くなり、足取りも早くなる。」

　小笠原豊樹著『マヤコフスキー事件』（河出書房新社）からの引用な

（デザイン：松本久木）

のだが、今、私はモスクワにいる。芸術座というのはモスクワ芸術座のことであり、ポロンスカヤというのは、1930年4月14日に死んだロシアの詩人マヤコフスキーの最後の恋人であり、ルビャンカとは詩人の仕事部屋のアパートのあった場所である。2014年9月14日、地点の『ファッツァー』はモスクワ公演の2日目である。今日、私はルビャンカからモスクワ芸術座まで散歩した。詩人が自殺したとされる日に、ポロンスカヤというモスクワ芸術座の女優が、胸騒ぎと戦いながら行った道をどうしても歩いてみたかったのだ。いや、今日のモスクワはあいにく小雨で秋というより冬の始まりを知らせるほどの寒さなので、私も彼女のごとく歩くというよりも小走りである。今、私が書いているこの文章の意味をこれ以上丁寧に説明できないことを許して欲しい。とにかく今、私が言いたいことは、〈感情移入〉しているということだ、誰に？　マヤコフスキーにであることはもちろんだが、むしろその最後の恋人だったポロンスカヤの胸騒ぎにだ。私は、モスクワに恋している。最近は毎年ロシア公演をしているが、こんな胸騒ぎの散歩は初めてだ。くりかえすが、私は、モスクワに恋している。チェーホフの三人姉妹が「モスクワへ、モスクワへ、モスクワへ」と叫んだよりは冷静にかもしれないが、とにかくそういうことだ。

　ウクライナと戦争している国の客席は、『ファッツァー』をアクチュアルにしか受け止められない。この作品がアバンギャルドでも何でもなく、リアリズムであることの皮肉は、この国の演劇が世界のリアリズム演劇の礎となった歴史と無関係ではないのである。

　演劇がリアリズムであること。

　それは、無関心になりがちな社会情勢について、一瞬、立ち止まり考える時間を演劇によって持つことにほかならない。その意味で、私は演劇がリアリズムであることを望むし、言い換えればそれをアクチュアルと呼ぶのだと思う。このモスクワの地で、不安に思うこ

と。『光のない。』という震災と原発について描かれた作品は、もはやアクチュアルではないのではないか。あれからたった数年で、日本は忘れることにがんばる。アクチュアルなものなどない日常を生きるつもりなのか。それはそれで構わない。私の憂いはそんな政治のことではない。そうなのだ。リアリズムを忘れて生きることはできない。こっちの方が死活問題だ。『光のない。』を見るということは、演劇のリアリズムを思い出すことにほかならない。しかしどうなのか。日本人よ。思い出すことはできまい。だって誰にも現代演劇の思い出などないのだから。私は今、グルジアワインとボルシチに感情移入している。そう、酔っぱらっているに違いない。グルジア！　ボルシチはウクライナの郷土料理なのだ！　ふん！　そんな思い出は私にはないはずだ。でも、わかることがある。この記憶は酔っぱらえばわかる。そろそろ、我々は酔っぱらわなくてはならない。酔え！　私たちのリアリズムを獲得するために。

（「CHITEN BEAT」2014 年 9 月 14 日版）

私は演劇人だ。

　「私は演劇人だ」と言ったのは、フランスの演出家のジャン＝ルイ・バローなんだけど、これはどういう意味だったのか。彼の発言からもう半世紀以上が過ぎた。時の文化大臣の命を受けオデオン座の支配人になった彼は、演劇の地位向上に力を注いだ。大勢の演劇人がそれこそ劇場に住むかのごとく集まった。劇場には演出家を筆頭に俳優はもちろんのこと、学芸部、舞台部、照明部、衣装部、制作部など、芸術家や学者、そして職人が生息することになった。こ

れは半世紀以上前のヨーロッパの話。

　ところで、今、私はヨーロッパでなく、ロシアの劇場にいる。モスクワでブレヒトの『ファッツァー』をやって、ウラジーミルの劇場でチェーホフの『かもめ』をやって、その『かもめ』をヤロスラーヴリまで持ってきた。ツアーで２本の作品を持ち回るという離れ業を可能にしているのは、ロシアの演劇人のおかげである。彼らは、バローが改めて言わなければならなかった演劇人とは違う。ソ連時代を潜り抜けてきた劇場はあらゆるシステムに柔軟で独自のモラルを持っている。我々の舞台装置は各劇場ですでに作られ、地点の到着を待っているし、劇場入りしたらまず、衣装の洗濯係がやってくる。この国では掃除のおばちゃんも長年、演劇人なのだ。ここヤロスラーヴリのフェスティバルでは、毎日違った演目を提供するために舞台の仕込みが夜遅くまで続く。下の会場ではモスクワ芸術座の作品の仕込み。時計は深夜０時を回ろうとしている。帰りがけ、ひやかしに大道具のおじさんに話しかける。「今日は、何時までやるの？」日本の公共ホールの全職員よ、彼の返事をよく聞くがよい。「え？　そりゃ、終わるまでだよ」。もちろん、彼ひとりがえらいんじゃない。彼を支えている劇場がえらい。劇場を支えている街がえらい。街を支えている州がえらい。州を支えている国がえらい？　国立劇場の職員である彼は、そんなに単純じゃない。ここにきて、彼は答えるだろう、「違う、俺たちは独立している、だって当たり前だろう、劇場なんだから」。俺たちとは言うまでもない「演劇人」なのである。地点という日本の小さな劇団は、今、巨大にしてしたたかな彼ら、彼女らに囲まれて、たぶん幸せなんだと思う。

　明日、我々は帰国する。すぐに『光のない。』の稽古を再開しなければならない。このまま帰りたくないなんて思っていないよ。『光のない。』は、２年前にフェスティバル／トーキョーに提案して

もらってつくることができたけれど、実は、数少ない日本の「演劇人」が生み出したものでもあるのだ。KAAT 神奈川芸術劇場の連中が手を貸してくれた。真っ当な演劇魂がここにある。だから地点は、帰国することが本当の幸せでなければならないのです。

（「CHITEN BEAT」2014 年 9 月 21 日版）

中国はわかっている。演劇は危険だと。

　北京ダックを食べさせてくれないと行かないよ、とワンさんに言った。京都は今まで訪ねた街で一番美しくて大好きだ、とワンさんは言った。水が干上がろうとしているのにこんな船を作って何になるのか、という台詞が良かった、とワンさんが言った。何か質問はありますか、とホイホイが観客に尋ねた。今日もこの劇場に警察官が様子を見に来ていました、とワンさんが笑っている。私の文章が３分の１削除されました、とワンさんが言った。外国の関係者にはノーカットのパンフレットを用意しています、とホイホイが笑っている。今日はこれくらいにして北京ダックを食べに行かなくては、とワンさんが締めくくった。このあたりはまだ古い街並みが残っていますが、やがてなくなります、とホイホイが言った。この脂身の部分は砂糖をのせて食べるのです、と通訳が言った。北京に三浦さんが住んだらすぐ刑務所行きだけど、大丈夫、毎日差し入れに北京ダック持って行ってあげるから、とワンさんが言った。

　ワンさんは歯医者。稼いだ金をほとんどすべてつぎ込んで、北京で唯一のインディペンデントシアターと言われるポンハオ劇場をつくりフェスティバルのディレクターをやっている。ホイホイはその

プロデューサーで苦労している。日本の国際交流基金は、この劇場を日中演劇交流の重要な基点としている。劇場の近くには演劇のエリート大学である国立中央戯劇学院があり、私のワークショップにもこの大学の学生が参加していた。私の講義もこの大学で行われた。北京はでかい。何が。政治が。情報は目に見えて統制され、役人は検閲に忙しい。私の講義で広場の概念について話が及ぶと担当教員は急にスマートフォンを取り出した。聞きそびれたふりをしてくれたのである。天安門広場と口にしたとき、通訳の声は小さくなった。

お別れ会は火鍋パーティーだった。ワンさんを見放しちゃだめだよとこっそりホイホイに言ったら、彼女は泣いた。三浦さんに世界で一番かっこいい劇場の写真を見せてあげる、とワンさんが言った。アンダースローの写真だった。私の京都のアトリエにやって来たときの記念写真だった。北京ダックの約束をしたときだ。

今、私は自虐的になる。アンダースローそのものは、確かにかっこいい。しかし、都市における劇場という点において、はっきり言おう、日本の都市で現代劇は政治的脅威たり得ていない。インディペンデント＝独立にもなり得ていない。演劇は都市のものだ、ということを北京で強烈に感じた。北京で見たのは、大都市における小さな劇場の健全な姿だった。それが一番かっこよかった(涙)。

(「シアターガイド」2015年10月号)

普通の演劇

本日は、ご来場いただきまして誠にありがとうございます。地点を代表して感謝の意を表します。なんて言うと、みなさん三浦はど

うしたことかと、いぶかしがることでしょうが、本当にまずは感謝したいのです。

　振り返れば地点は2005年に東京から京都に本拠地を移し、長らく元明倫小学校の京都芸術センターで稽古を重ねて作品を発表していました。2011年にKAAT神奈川芸術劇場に声をかけてもらって以来、毎年新作を発表してきました。2013年に自分たちのアトリエを北白川に構えてからは、レパートリー公演を毎月行うようになりました。そして、今回、ロームシアター京都のオープニング事業として、KAATとKYOTO EXPERIMENT（京都国際舞台芸術祭）の共同製作が、ついに実現したことになるわけです。2005年に劇団が京都に来たときは、右も左も（上ル下ルも）わからない状況でしたから、本当にたくさんの人たちの声援に支えられてきたことを実感します。そろそろ、みなさん三浦は何かを企んでこんなことを言っているのではないかと、むずむずしてきたことでしょう。

　私は何が言いたいのか。京都に来て10年以上かかってようやく現代演劇が普通に上演されるまでに至ったと言いたい。つまり公共劇場が、「普通」ではない演目を、普通に上演しているということです。今日、客席に座っているあなたは、もちろん今日の演劇が普通ではないとそれなりに予感していると思います。むしろ、難しいんだろうな、と不安をお持ちかもしれませんね。大丈夫です、その不安は正解です。難しいです。でも仕方がありません。公共劇場がこれを普通に何の問題もなく上演しているのですから、今日の演劇は普通なのです。大丈夫です、普通に難しいだけです。普通にオリンピック反対なだけです。普通に戦争反対なだけです。普通にキリスト教、不思議なだけです。くりかえします。今日の演劇は普通なのです。大丈夫です。普通に、オリンピック反対と言うのも政治的すぎるから演劇とは関係ないと思いたいだけです。普通に、戦争法案と呼ばれる安全保障関連法案が国会を通過したことは演劇とは関

係ないと思いたいだけです。普通に、キリスト教とヨーロッパの歴史は知らないふりをしたほうが日本人として素朴で、イスラム教も含めて一神教の危うさを演劇を通してわざわざ想像するのもちょっとしんどいと、我々としては天皇制を棚にあげておきたいだけです。これがイェリネク劇です。今世紀最大の劇作家は、時間も地理的距離も軽々と超えて、客席にいるわたしに問いかけます。あなたはそれを受け止めなければならないようです。わたしと一緒に。これが現代演劇です。

　ざまぁ見ろとパパが笑っています。ママが嘆いています。告白します。私は、大人になった今でも、父母のことをパパママと呼びます。祖父が敬虔なキリスト教徒だったものですから、小さい頃教会に遊びに行って賛美歌をちょくちょく聞いていました。その影響で私の親類は皆、父母をパパママと呼ぶ、のかもしれません。別に私に信仰心があるわけではありません。イェリネクの父親はユダヤ系でしたが、ホロコーストを免れ、晩年は精神病院で死んだようです。そのことをモチーフにしてイェリネクは『スポーツ劇』を書きました。個人的なパパママが、人類のパパママを含むのでしょうか。ちなみに私のパパは今年、死にました。さびしいですが、それをみなさんに言ったところで、申し訳なく思います。イェリネクはそりゃ並外れた人ですから、自分のパパをきちんと昇天させます。音楽監督の三輪眞弘さんは、「死した〈神〉についての絶望をめぐる〈奉納〉としての劇をつくろう」と言いました。日本人にとってのパパママは誰でしょうか？　そもそも日本人がパパママと口にするとき、その背景には西洋化・近代化への憧れが拭いきれないものとしてついてきます。それは世界中で起こっていることで、もはや当のヨーロッパですらその焦げ付きから逃れられない状況です。イェリネクはそこを突きます。イェリネクが普遍性を持つのは、いやこの際あえて「普通なのは」と言いましょうか、それは、彼女が日本人である

私のパパママのことを含んで書いてしまうからです。ここまできて、わたしは、ようやくこの演劇が普通であり、私たちの身近な物語なのだと言えるわけです。大丈夫です。難しいです。私があなたの家族を思うことが、難しいのと同じように。長々と話してしまいました。

　新しいスポーツの始まりです。おそれてよろしい。これが普通の演劇です。

（『スポーツ劇』パンフレット、2016 年）

なぜスタニスラフスキー・システムではダメなのか？

　例えば私が人を殺したとする。検事にその理由を聞かれる。もし、私が19世紀を生きる人間ならば、比較的簡単に答えることができるだろう。決闘によって殺された父の仇であり、復讐のためであると。あるいは、借金があったからと。あるいは痴情のもつれでついカッとなってしまったと。検事は慣れた手つきで供述調書を作ることができる。しかし私が、太陽がまぶしかったからやった、と言ったならば、その手は止まるだろう。さらに、殺した相手のことはよく知らないと言ったり、たまたま通りがかったに過ぎないと言ったり、ついには殺す相手は、「誰でもよかった」とまで言ったとしたら……。

　もうお気づきだろうが、私は今日を生きる殺人者である。殺す相手が誰でもよかったというのは、自分自身が誰でもよくなっている状態である。供述調書は意味が通らない。精神鑑定に回される。検事は、私の生い立ちや、仕事場の環境や、恋愛関係や、貯金のありなしなどを懸命に調べる。しかし、特に目立って何かが欠けていたり、特殊な事情がないとわかると、卑屈な笑みを浮かべて私を見る。医者はさすがに笑わず、神妙な面持ちで、しかし一度も私と目を合わせようとはしない。

　演劇は裁判のようなものだ。検事や医者にあたる人は観客である。観客は、事件の原因、被告人の心情、社会との関わりを探ろうとする。つまり、物語を求める。くりかえすが、もしこれが19世紀の裁判ならば、その物語は複雑に絡んでいくことはあっても、理解できないことは滅多に起こらない。観客は、いずれ何らかのかたちで

なぜスタニスラフスキー・システムではダメなのか？

納得し、それなりの判断を下すだろう。「あいつは本当はいい奴だった」とか「あいつは本当に悪い奴だ」とか、「実は、私は犯人の気持ちが痛いほどよくわかる」とまで言うだろう。感情移入。

　さて、あなたは、今日の殺人について、困っていやしないだろうか。あなたは供述調書をうまく書くことができるだろうか。もし、あなたがあきらめるならば、あなたは19世紀人なのである。しかし、私が知る限り、今日の観客のほとんどが、そうした殺人をあきらめながらもなかば受け入れているのではないか。なぜならば、私のような犯人があまりにも多いから。では20世紀以降、この種の殺人が急に増えたのかといえばそうではなく、昔から供述調書に残されなかった犯罪は、きっとたくさんあった。今日、昔よりも目立つようになったのである。あるいは昔は無視してきたもの、考えずに済んできたことが、もはやそうもいかなくなったのである。

　なぜ、殺人の理由が語れないのか。しかし観客は、その結果だけは、どうも受け入れている。困った事態である。検事が卑屈な笑みを浮かべていたのは、これを受け入れたら、たぶん自らが危機にさらされることを知っているからこその防衛本能なのだろう。医者が目を合わせないのは、精神という領域への介入が、それが重症のとき、自らの思想を持ち出さなければ対決できないことへの徒労を知っているからだ。私の殺人が、「何らかのストレスが原因」と診断書に書かれるとすれば、それは医者が「何らかの敗北」を認めたことでしかない。

　最近の日本語には便利な言い方がある。そう、犯人は「キレちゃった」のである。供述調書や診断書にまでこう書けるかどうかは別だが、仕方がない。当の観客はこの事態をまずは受け入れるしかないのだから。でも一体何に「キレちゃった」のか？　今日でも観客はやはりその答えを求めるし、考えるものだ。

133

19世紀末から20世紀初頭を生きたスタニスラフスキーは、俳優であり演出家であり『芸術における我が生涯』と『俳優修業』を書いた。その長大な著書は、当時のモスクワ芸術座の活動を詳しく知ることのできる資料として、また俳優のための演技の指南書、さらに演技の模範を伝える書として、今日でも重用されている。時間も距離も遠く離れた日本の演劇大学で、私はスタニスラフスキー・システムを学んだ者のひとりだ。観客は驚くかもしれないが、今日演技と呼ばれるものは、ほぼこのシステムを基盤としている。映画の演技、テレビの演技に及ぶまで、システムは変形しつつも世界中に蔓延している。「役づくり」「役になりきる」などと聞いたことがあるとすればまさにそれである。そこでは、相変わらずの説明のつく犯人たちが、泣いたり笑ったりして気取っている。そして観客は、難しい供述調書を取ることに疲れるから、ちょっと休みたいから、とりあえず騙されたふりでもするかということで、騙されている。お互い様の馴れ合いは、卑屈な笑みで今日の恐怖を直視しない。フィクション。

　敵は大きい。この大きさを人はなかなか実感しないものである。なぜならばシステムとは、稼働すると当たり前のものとして忘れやすいのである。天皇制やキリスト教がそうであるように。しかし天皇やイエスはともかく、スタニスラフスキーなんて誰も覚えていないだろう。事実、日本で演技を勉強する学生は、このシステムを「スタシス」と呼び、「スタ」がスタニスラフスキーの省略だと知らないこともざらである。もしくは「スター」になるための演技システムだと思っている人もいる。あながちこの誤解は間違いではないのが、笑えない冗談であり、まずこの誤解がなぜ生まれるのかということが、供述調書を書く上でヒントにもなるだろう。

　スタニスラフスキー・システムとは、演技のための方法論であると同時に、観客が人間とそのドラマを見つめるときのひとつのルー

ルのようなものである。このルールの根幹を支えているのが、行動と心理である。俳優はある目的に向かって行動し、喜怒哀楽をコントロールすることで、心理を表現する。そうして「役を生きる」ことを目指す。観客は行動の中に心理を見つめることになる。感情移入とは、やっぱりそうだったのか、という納得のもとに「あるある」を見出すことにほかならない。供述調書はこうして馴れ合いの中でゴールを迎える。リアリズム。

　しかし私は観客のひとりとして知っている。医者や検事といった立場でない観客のあり方もあるのではないかと。なぜならば、「自分が誰でもよかった」という犯人を目の前に、私たちは、驚きつつもそれがあり得ると認めているのだから。いつ刺されるかもわからない現実は、なにも今日に始まったことではない。無差別殺人とは、何が無差別なのか。言うまでもなく、自分も他人も等しく「誰でもない」ということ。戦争がテレビで見られるようになって、むしろ私たちはそのことに嫌でも気づかされている。自分が誰にもなれない無力感は、傍観者の特権などではもちろんない。誰だって、突き詰めれば自分を殺すしかなくなるのだ。だから無差別とは他殺プラス自殺だと言える。ここで重要なのは、そう簡単に観客が死んでたまるかということ。

　スタニスラフスキー・システムにおいて、観客は常に「第四の壁」の手前にいる存在だった。観客は、覗き見しているだけだ。俳優が自分とは誰かを見つめることをシステムは促す。そして演じる役に自分を近づけてゆく。そこに生まれるはずの「真理」とは誰のためのものなのか？　俳優のためだとすればスター誕生。違う。この作業に欠けていたのは、誰がそれを見つめているのかを問うことだった。いや、問わずに済んだのかもしれない。見つめてくれる先生が代わりにそこにいたから。覗き見根性は観客の悪い癖。スターには、勝手についてゆけ。

なぜスタニスラフスキー・システムではダメなのか？　はっきり言おう。考えずに従ってしまうもの、つまり大きなシステムが今日すでに「キレちゃった」からにほかならない。何かを前提とした人間のあり方に、観客もまたキレている。昔もそうだった、はずだ。しかし、今日そのことが顕在化するのは、どうしてだろう。どうして説明のつく因果関係はリアルじゃないんだろう。予想。神様もちょっとお疲れだから。

　この裁判は難航する。

死者が名前を持つには信仰を持ち出さなければならない

　チェーホフの『三人姉妹』にまつわるエピソードで有名なものがある。トゥーゼンバフという軍人が決闘で死んだというシーンで、スタニスラフスキーは、その死体を担架に乗せて舞台後方を横切らせるという演出をした。これを見たチェーホフが、そんなことは書いていないと怒ったというものである。確かに戯曲ではその男の死が報告として伝えられるだけで、舞台にはそれを聞くことになる姉妹たちがいるだけということになっている。チェーホフとしては、死んだ男を舞台に登場させるという説明的な演出に対して拒絶反応を示したということであろう。このエピソードから学ぶことは、人間の死や大きな事件は目の前で示されるよりも、むしろ遠くにあって、そしてその知らせを聞く側の反応の方にこそドラマがあるということだ。これはチェーホフが戦略的に見出した新しい劇のあり方であり、それまで決闘シーンを派手に演じてきた古典劇への決別であり、辛辣な批評であることは間違いない。チェーホフ劇が「静劇」と呼ばれる所以でもある。

　さて、私はこのエピソードを聞いてまた別のことを思う。確かに、物語を説明的に表現してしまう担架の演出は野暮だと言わざるを得ない。私もチェーホフに倣ってではないが、小言のひとつや二つス

なぜスタニスラフスキー・システムではダメなのか？

タニスラフスキーに言うだろうと思う。しかし、それよりももっと真剣な問題が潜んでいるのではないだろうか。チェーホフが書いていないのは、死体を担架に乗せて舞台後方を横切るということではなく、死体である男の台詞なのだと考えるべきである。つまり、死体を舞台に出しても演技ができないことをチェーホフは言ったのである。これがリアリズム演劇の核心であると言えば大袈裟かもしれないが、明らかにそれ以前の古典劇との違いはここにある。『ハムレット』で父親の亡霊が現れなければ、亡き父の復讐劇自体が成立しない。そのような舞台から手を引いたのである。生きている者だけが、おしゃべりをする劇の基本は、こことは少し離れた場所で、決闘なり、革命なり、戦争なりがあって、それとは直接は関与しない形で人物が嘆いたり笑ったりするということだ。近代劇は、このように人間をヒロイズムから引き離し、市井の人々の心情を微細に描いた。「僕は今日、コーヒーを飲まなかった。……入れておくように、そう言って……」と愛する女、ここでは三人姉妹の二女であるイリーナへそう言い残して立ち去った男がいる。彼はトゥーゼンバフという、戦地に行ったこともない若き軍人であった。その男が、恋をめぐって決闘で殺された知らせを聞くイリーナに作家はこう言わせる。「あたし、わかってた……わかってたわ……」。やがて、舞台には遠くから軍楽隊の演奏がうっすらと聞こえてくる。このような仕掛けの中で、果たして担架に乗せられた男が登場したとして、一体、彼に何が言えるのか。もちろん何も言えまい。

　問題。これは大問題である。なぜ、スタニスラフスキーはこの男を登場させたのか。第一に考えられるのは、当時のモスクワ芸術座の小道具倉庫には担架があったのである。別の古典劇で使用していたあの担架である。トルストイの『戦争と平和』あたり、いや、それこそ『ハムレット』でだって使ったかもしれないモノがあるのである。もちろんこれは私のでたらめな憶測だが、間違いなくそれは

あった。モスクワ芸術座はスタニスラフスキーとダンチェンコがつくった劇場でチェーホフ以外の演目、殊に古典劇の上演も含めて、今からは想像を絶するほどの数の演目を上演していた。ま、小道具の件は、やはり私の想像の範囲に収めるとして、次に考えられる理由、つまり死体を舞台に登場させたことに、「埋葬」という感覚があったことが挙げられよう。劇は、古典劇、近代劇にかかわらず、大抵誰かひとりくらいは殺すものだ。シェイクスピア劇では、ひとりどころではなく、大勢が殺される。その犠牲者たちを前に観客は泣いてきたと言ってよい。スタニスラフスキーという演出家は、もちろん数多の古典劇を体験していたわけだから、トゥーゼンバフという男の死もつい現前化させてしまったのである。つまりどこかでトゥーゼンバフを「埋葬」したかったのである。担架もそこにある。大問題とは、この無意識に潜んだ死者の扱いをめぐってなのである。

　チェーホフが、死者に語らせる台詞を書かなかったのは、死者を埋葬する劇をとにかく卒業したかったのである。だから、トゥーゼンバフを弔うことはしない。それどころか、彼を殺したソリョーヌイという、同じくイリーナに恋する軍人の責任追及も有耶無耶にする。ここにあるニヒリズムは、劇の人物が誰か特定の特権的な立場にある者ではなく、誰彼ともなく死んで消えてゆくことを暗示している。『オーリガとマーシャとイリーナ』という題名にはならず『三人姉妹』となるのは、『ロミオとジュリエット』のように、劇が彼らを殺すことで未来永劫その名を歴史に刻むことへの抵抗と言えるだろう。

　長女オーリガは、劇の幕切れにこう切り出す。「やがて時がたつと、わたしたちも永久にこの世にわかれて、忘れられてしまう。わたしたちの顔も、声も、なんにん姉妹だったかということも、みんな忘れられてしまう」。この台詞は、あの有名な「生きて行きましょうよ」に繋がってゆくわけだが、実際、希望を謳うというよりは、

『三人姉妹』（撮影：松本久木）

「みんな忘れられて」よいのだ、という開き直りに凄みがあるのである。はっきり言おう。こうした人間の小さな思いつき、小さな確信、それにスタニスラフスキーは気づけなかった。どうしても人間の存在は大きなものであると思いたかった。

　近代とは人間の尊厳というものが、問い直された時間だった。人間の生死が一対一の決闘で左右される時代から、あっと言う間に大量殺戮、無差別殺人の時代へと突入してゆく。名誉や尊厳といったものはどんどん小さくなってゆく。その兆しをチェーホフは、正確に摑んでいたが、スタニスラフスキーにはわからなかった。なぜスタニスラフスキー・システムではダメなのか？　俳優が一人一役を生きることはもはやできなくなっていることに気がついていないからである。チェーホフという、よりによって座付き作家が提出した世界は、スタニスラフスキーには進みすぎていた。遺作となった『桜の園』を手にしたモスクワ芸術座の当時の俳優たちは、これでは演技ができない、と口々に言った。スタニスラフスキーの演技を体現しようとする彼らにとっては、何が何やらわからない役ばかりだった。まるでコントに登場するような人物たちは軽薄に見えた。斜陽する貴族たちはふざけてばかりいるだけに見えた。ハムレットには運命があると思う俳優は、その役を生きることに邁進できたが、そもそも演じる役が誰なのかわからなければ、忘れられてしまう存在なのであれば、その役を生きることは無理な話だった。一人一役は、すでに内部崩壊していた。

　問題。人は死ぬ。劇は人を殺してきた。観客は、その死ぬ人物に感情移入してきた。劇はその人を埋葬してきた。つまり名前を死者に与え続ける行為を俳優は疑わなかった。俺がハムレットを演じる担保は、ハムレットが後世、名を残す存在だからという無自覚の前提があった。ハムレットを演ずるということに対する疑いはここには存在しない。チェーホフの登場人物は、すでにその疑いの中で生

きはじめていた。俺がトゥーゼンバフを演じることをシステムがい
くら促しても、当のトゥーゼンバフという役はいつの間にか死んで
いるのである。死ぬシーンは書かれていないのだから。これでは演
技のやり損である。

　大問題。死者が名前を持つには信仰を持ち出さなければならない。
そう、スタニスラフスキー・システムとは、ひとつの信仰なのであ
った。人間が死ねば悲しい。いや悲しくなければならない。担架に
乗せられた人物は、犠牲者でなければならない。とうに神は死にか
けていたというのに。あのエピソードが示しているのは、死の演技
についての可否をめぐる対決である。分が悪いのは、当然、スタニ
スラフスキーだった。担架ではダサいから。ただし、私は、否と言
い切るチェーホフを全面的に正しいと思っているわけでは必ずしも
ない。なぜならば、俳優が身体を持っている以上、絶対に嘘なくで
きる演技があるとすれば、それは死んだふりだからだ。舞台上で本
当に死ぬことができないからこその逆説。究極のリアルな演技とは
だから死んだふりなのである。誰もが子どもの頃、よく遊んだはず
のあれは、死ぬことが楽しいということである。死体はしゃべらな
い？　いやそうとは限らないのが、演劇なのである。くりかえす。
演劇なのである。スタニスラフスキーもチェーホフも、とても真面
目だった。スタニスラフスキーの方が、くそ真面目だったのかもし
れない。ここまできてようやくリアリズムとは何だったのか、と考
えを進めることができるのである。

　それにしてもチェーホフはしたたかだった。『桜の園』を脱稿し
て、モスクワ芸術座に渡すのと同じく別の演出家にも預けていたの
だから。それを受け取ったのが、メイエルホリドだった。あっと言
う間にリアリズムを蹴散らした張本人である。

信仰とは芸術にとってひとつのさぼりである

　このテーマ「なぜスタニスラフスキー・システムではダメなのか?」という連載を企画したとき、知人や友人らから意外にも反対された。今さらスタニスラフスキーについて文句を言うのはどうか、地点の作品を見れば誰だってスタニスラフスキー・システムではないことはわかるだろう、という極めて大人な意見であった。無闇に敵を増やすような真似をする必要もないだろうという心配も働いてのことだろうと思う。

　ちなみに、地点は 2011 年以来、毎年のようにロシア公演を行っている。今ではモスクワに行けば、まずモスクワ芸術座を表敬訪問する関係にまで至っている。楽屋入り口を通り抜ければ、当時の支配人・ダンチェンコと並んでスタニスラフスキーの胸像が出迎えてくれる。このふたりは仲が悪かったので別々の方向を向いているのです、と紹介するのが通例のようで、一行は笑いに包まれる。そして客席ではスタニスラフスキーのプレートが刻印された椅子に案内され、あなたも演出家だからここに座ってください、と勧められる。通路を挟んで、ダンチェンコの席がある。これも仲が悪かったためです、と、客席には再び笑いが起こる。ロビーに行けば、お土産にスタニスラフスキーのピンバッジをプレゼントしてくれる。最後には、劇場入り口にあるカフェ・チェーホフで、お茶をすすりながら、あるときはウォッカを飲みながら(もちろんニシンの塩漬け付き!)、現在のモスクワ芸術座のプログラムの話やロシア演劇界の話で盛り上がるということになる。

　おそらく、このように歓待される日本人の演出家は、これまでもそう多くはなかっただろう。そんな私が、あえてスタニスラフスキーのことをダメ扱いするのは、確かに子どもじみたことに映るかもしれない。そのことは重々承知しているつもりだ。彼の功績は私が

142

なぜスタニスラフスキー・システムではダメなのか？

とやかく言おうが何をしようが、動かない事実だし、歴史的に極めて重要な演出家であることは明白である。この原稿でシステムについて、彼の長大な著書である『俳優修業』から何かひとつのレッスンを具体的に取り上げて槍玉に挙げる気が起きないのは、それこそ、本当に子どもの喧嘩に成り下がるだろうと思うからだ。私は演劇の大学を卒業した者である。もちろんそこでシステムを勉強した。だからこそ水掛け論になるだろうと思うこのような気持ちは、どう説明したらいいのか。こういう時は、思いきって好き嫌いを稼働する。私はスタニスラフスキーが嫌いかと問われれば、正直、大嫌いだ。しかし、好きな人のことも理解できると付け加えるだろう。さらに言えば、好きとか嫌いとかそういう相手ではない、と答える優等生になることもできるし、あるいは何も知らないふりをする特待生にだってなれる。しかし読者がこれを読んで、三浦はスタニスラフスキーが嫌いなんだな、ということだけが結局わかるのだとすれば、まさに、無闇に敵を増やすだけのことだろうと思う。人の悪口を読まされることほど不毛なことはないのだから。でも仕方がないことはやはりある。

　おそらく、この種の問題は、日本人ならば天皇と天皇制について、置き換えることでよく見えてくるのだろう。ほら、読者よ。もういやになったでしょ、考えることが。ましてや好き嫌いとか持ち出すのは勘弁して欲しいですよね。つまり、スタニスラフスキーその人と彼のシステムについて論じるとき、その二つを分けて考えるのが大人の作法であるが、しかし、ここではっきりしておかなければならないのは、その二つは切っても切り離せないものとしていつも抱えておかないと、すぐに本末転倒な議論になるということだ。さすがにスタニスラフスキーは天皇ではないから、基本的人権が彼にあるのかないのかまでを議論しなくともよいだけましだろう。つまり、私はスタニスラフスキー本人を中傷する気もないし、その功績に一

応の敬意は表しているし、何らかの形でその恩恵を受けている同じ演劇人としての自覚は持っているわけだ。その上で、何を論じなければならないのかを考えると、やはりそのシステムの有り様と結果なのであろう。天皇その人ではなく、天皇制について議論するということがどれだけ形骸化してゆくかということを、片目で見ながらの作業であることは忘れずにだ。

スタニスラフスキーは演技に「真実」を求める。それは彼にとってだけではなく、人間にとっての普遍的なものだと謳う。俳優ひとりひとりがどう演技をするかという指南は、到達すべき境地に向かい、そこには真実の感情があると言う。なるほど、人間誰しも、ふと気がつくと感動したり誰に教わったわけでもないのに物事を確信したりすることがあるからして、この教えは至極真っ当なことだと思いたい。ところがどっこい、嘘なのである。大嘘だ。観客はそんな真実は求めていない、ということに当の彼自身も気がついていなければ、システムを教育する数多の俳優トレーナーも演出家たちも気がついていない。仮に神が生きていた近代以前だとしてそれは変わらないのである。真実とは、ひとつの命令によって現実を歪めるし、都合の良い心理主義を生み出すのである。システムは、無防備にその行動の規定、条件を鵜呑みにすることから始まる。あなたは今部屋の中にひとりいる、という設定をなぜ受け入れなければならないのか。根本的疑問を持ってはいけないのである。

信仰とは芸術にとってひとつのさぼりである。宗教を冒瀆していると誤解されるかもしれないので言い直そう。宗教と芸術は対等であり、その領域を常に侵犯する関係にあることに気をつけなければ足を掬われる。そして、そこに政治が加わる。宗教と芸術と政治は、三位一体だとまず認めよう。そこで甘い誘惑となるのが、人間賛美。人間とは本来……、人間とは常に……、などと普遍性を説く便利な道具に演劇が使われるとき、なんとも言えぬダサさと居心地の悪さ

なぜスタニスラフスキー・システムではダメなのか？

を覚えるのである。私が嫌いなのは、だから正確にはこの気持ち悪さなのである。もちろん、スタニスラフスキーもそれまでの演劇に対してそれを思ったからこそ、新しくシステムを提唱し、その実践の先頭に立ったのである。ところが、蓋をあければ支離滅裂だった。作家を疑うことなく行われる役づくりは、盲目的なヒロイズムを生んだ。生活の名の下のリアリズムでは、王子のハムレットはどうあがいても扱いきれなかった。リアリズム演技はこうした矛盾を抱えたまま、後にハリウッド映画に代表されるような本物のフィクションに取り込まれるという奇妙な結果となった。シェイクスピア演劇のメッカ、ロンドンにおいてさえ、このシステムの輸出入が今もあくせくとなされているのは、そもそもリアリズム演劇が古典劇への決別を期していたことを考えると愚の骨頂である。

　少し早足すぎた。当時に立ち返ろう。『芸術におけるわが生涯』においてスタニスラフスキーは次のように言っている。

　　若干の俳優や生徒たちが、私の用語を、その内容をたしかめることなしに受け入れ、あるいは私の言うことを感情でではなく、頭で理解したことの方がはるかによくないことだった。さらによくないのは、これが彼らをすっかり満足させ、私から聞きかじった言葉をただちに使いはじめ、私の「システム」によると称して教授しはじめたことであった。

　さあ、大変である。この発言は、当時すでにシステムが劇団内あるいは演劇界の主流をなしていたことを示している。そして、彼の認識ではすでにシステムが形骸化する恐れがあったとも告白している。若い奴らはバカで何もわかってない、と言っているのである。さて、では何がわかっていないのかといえば、真実であるところの感情がわかっていないということにほかならない。続けて、彼はこ

145

う言っている。

　　私が彼らに語ったことは、一時間や一昼夜で会得し、自分のも
　のにできることではなくて、体系的に、実践的に、何年もかか
　って、生涯、たえず研究をつづけ、会得したものを習慣的なも
　のにし、それについて考えることを止め、それが自然に、ひと
　りでに現れてくるまで待つべきなのだということを、彼らは理
　解しなかった。

　よくある老人の愚痴である。体系的とか実践的とか習慣的といっ
た組織の話と、個人のやる作業を混同している。そして一番たちの
悪いのは「自然に」である。自然の状態になるまでにまさに「生
涯」をかけなければならない。それは「ひとりでに現れてくる」ら
しい。愚痴を通り越して、似非宗教である。ここまで来ると、芸術
による宗教への領域侵犯が認められる。これを私たちが本気で相手
にしてよいわけがない。ヒューマニズムを盾にすると、演出家はこ
こまで勘違いするのである。大先生の誕生は、後世に小先生たちを
増殖させた。今も世界中にあるほとんどの演劇大学で、何らかの形
でこのシステムが採用されている現実は、もはや不幸としか言いよ
うがない。私は演劇の大学を卒業した者である。もちろんそこでシ
ステムを勉強した。大先生が憂慮した若い学生たちは、今日もごろ
ごろいるのである。謎の「真実」を強制され、どこにあるのかもし
れない感情をめぐって、怒られたり褒められたりと幼稚なレッスン
は100年経っても続いている。これは驚くべきことだし、悲しい
事実である。
　私は大先生を支離滅裂だと言った。そして次に起こることはと言
えば、小先生たちは、この私の敵対に付き合わない場所に逃げ込む
のである。自分が小先生であることを、つまりリアリズムの信者で

なぜスタニスラフスキー・システムではダメなのか？

あることを明確には認めずに、リアリズムを擁護する立場を取るのである。そのとき、小先生は私と同じふりをして、なんと大先生を批判したりもするのである。スタニスラフスキー・システムは、当時、モスクワ芸術座が採用したひとつの演技システムに過ぎないし、リアリズムの礎を創ったことは間違いないが、必ずしも演出がよかったわけではない、とか、心理主義に陥りすぎた傾向があったのではないだろうか、とか言い出すのである。そして小先生たちは、システムを少しずつ変形して教育に用いる。他の小先生がやっていることが気に入らないと、なんとなんとあれは亜流だと言い出すのである。もはやこれは恥の上塗りである。演劇が観客から離れ、内部崩壊を招いているこの事態は、当然、社会から無視される。あるいはゴシップとしてまだ少しは有効か？　だとすれば、スタニスラフスキー・システムは、「スター」システムに持ってこいとなるわけだ。リアリズムの演技は、劇映画にその場所を譲ったのである。このことは歴史的に見て極めて重要な案件である。だってスクリーンの向こうでは人はリアルに死ねるのだから。ヒーロー、ヒロインは死んでなんぼの世界に生きるのである。このスクリーンの中でこそ、本当の意味での第四の壁が築かれたと言ってよい。まさに向こう側の出来事が成立してしまったのである。

　フィクションにおける死の受け止め方について、わかりやすい例を挙げよう。モスクワ芸術座のシンボルマークはかもめだが、これはチェーホフの『かもめ』で成功したことに由来している。この近代リアリズム演劇の先駆けとなった歴史的代表作において、当時、何が起こっていたのかを知るおもしろいエピソードがある。この戯曲は、主人公である青年トレープレフのピストル自殺で幕切れとなる。例のごとくチェーホフだから死体を舞台に登場させるわけではなく、別の部屋で彼が自殺するために発砲した銃声だけが舞台に聞こえるという仕掛けであった。客席は、その銃声に驚かされるとと

もに悲しみに包まれた。幕切れにおける主人公の死によって、劇場内は異常な雰囲気となった。それを察知したプロデューサーはカーテンコールを前に挨拶に出たという。「みなさん、大丈夫です。トレープレフ君は生きています。なぜならば、明日も本番がありますから」。なかなか粋な計らいだと、現代の我々はこれを笑って済ませられるだろうか。ちなみに『かもめ』以降、チェーホフは劇で主人公を殺さなくなった。

　確認しよう。当時、写真技術は誕生してはいたが、まだ本格的な劇映画はなかった。つまり、スクリーンで動く人間のドラマはなかった。観客は、第四の壁をスクリーンとして、舞台を向こう側にあるものとして演劇を見ていたのである。つまり、現代に生きる私たちが映画を見て、主人公がラストシーンで衝撃的な死を迎えたとき泣くのだとしたら、この時の観客と同じなのである。ただし、映画の場合にカーテンコールはない。これは何を意味しているのか。写真は時間を止める。その昔、写真を撮られると魂が抜かれると思った人々は正しかった。映像はそれを繋ぎ合わせる。つまり記録されたものを私たちは見ている。言い方を換えれば、すでに終わったものの集積を見ているのである。だから、スクリーンの向こう側に、すでに死んだものを見ているのである。それをフィクションと呼んで差し支えない。すでに終わったもの、記録されたものとして受け止めるほうが、観客は物語を弊害なく受容できる。せっかく感情移入していた主人公が死んだのを見て悲しんでいるのに、のこのこカーテンコールに出てこられたら、私のフィクションが台無しなのである。システムは「役を生きる」ことを勧める。もし役になりきっているならば、死んだ者が生き返ることはできないではないか！「自然」を受け入れることに本当に成功したのなら、なぜ今日も決められた時間に開演して昨日死んだあの人が舞台にいるのか、誰が納得するものか！

なぜスタニスラフスキー・システムではダメなのか？

　ここではっきりしておきたい。嘘なのである。全部、大嘘なのである。システムが促している役づくりなど、その場しのぎの隠れ蓑なのである。そこに逃げ込める才能あるナルシストだけが、自らが嘘をついていることにすら気がつかないだけの話である。しかし、観客は、いつだって勘付いている。だからこそ、プロデューサーはカーテンコールを前にうすら笑いを浮かべて出ていくしかない。リアリズム演劇は、本来であればカーテンコールをしない道を歩んだのである。カーテンコールをしないということは、観客に挨拶をしない、つまりある場所に一度に集まった人間たちと対峙しないということである。システムが第四の壁を理由に観客を無視する道を助長しているのは、だから正しい。しかし、演劇としてはまったく正しくないのである。

　言うまでもなく演劇の生命線は、革命である。（ああ、こうスルッと書いてしまった私は遠さを感じる。演劇を手放した国にいる私、と私たち。）革命とは、ある場所に人々が集うことから始まる。それまでの既成概念を疑うために、観客は自分ではないまた別の観客を必要とする。群衆とは疑い深い人間の性の集合である。少なくとも劇場は、とにかく集まってしまった人々を相手にする場所である。近代という時代に神は死んだ。その後の混迷は当然だったかもしれない。近代以前、神の名の下に民衆がとりあえずでも集合できたことはある意味、幸せだったのだろう。近代リアリズム演劇、このしどろもどろな営みが、今日まで続いているというのだから不幸中の不幸だ。そこでは革命なんて起こりっこないのである。いや当のロシアでは起こった。現代日本の観客よ。感情移入したいんだったら演劇は見ないほうがよい。劇映画も少し疲れてきている今、じゃ、何を見ればよいのか？　アニメなんだろう。感情移入できるのは、今日、実写の人間ではなく絵に描かれた誰かなのである。その屈託のない誰かは、私のようにも思えるから。アニメ映画のことを悪く

言うつもりは毛頭ない。しかし、あれは本来、断じて子どもが見るものなのである。演技を見つめる観客の視線の先、つまり感情移入する対象としては、映画スターでもちょっと厳しかった。飽きることにうすうす気がついていた観客はもうスターにもついて行かない。その代替がまさかアニメになるとは。スタニスラフスキーもびっくりだと思う。

　演劇が映画になり、さらにアニメになった。これがリアリズム演技のなれの果て。そんなに悪くはないだろう。技術革新が新しい形態を生み出したわけだ。しかし、その根底に流れているものが感情移入とは情けないではないか。その結果、なんとアニメ映画というリアリズムとはかけ離れた手つきのものが選ばれたのである。ナウシカは永遠にナウシカ。失礼、アニメのことを悪くは言わない。私は別にナウシカが嫌いではない。スクリーンの向こうにあったフィクションは、テレビに押し込まれることになった。こうしてどこの家にも、軟弱な第四の壁が出現したのである。問題は、無防備な依存なのである。私はテレビを消す。きっとあなたも消すだろう。大人だから。私たちが消したものは、感情移入、すなわちスタニスラフスキー・システムである。真実はそこにない。自然なんかやってこない。今こそ、感情移入の病から抜け出さなければならない。私はそう思う。

　そろそろスタニスラフスキーから離れたいと思う。この決断をした者は、当然、茨の道を歩むことになる。たとえひとりでも劇場に帰らなければならない。なぜならばそこには私のようでいて、また別の観客がいるからだ。演劇が集団芸術と言われるのは、劇団がそうであるというよりも、観客が集団だからにほかならない。実は、この集団は革命の種を探しているのだから恐ろしいのである。第四の壁は、嘘の窓に過ぎない。描かれる絵は、真実味を纏う。メディアになることで、神々は嘘を反転させた。あらゆる宗教画に見られ

なぜスタニスラフスキー・システムではダメなのか？

る行為、偶像化は劇場には必要ない。だからそこにはスターは生まれない。この事実を、昔も今も観客は知っていたし、知っているのである。今はなぜか忘れがち。でも忘れている人を見れば私だって思い出す。あなただって思い出す。演劇はただそれだけのことを望む。ああ、ただそれだけのこと……。

アクチュアリティとは何か？
―― 『CHITEN の近未来語　2016 年 8 月 9 日版』から考える

　劇団でアトリエをつくることになったとき、開場記念にと新作を
ひとつつくることにした。考えたのは二つのこと。まず、動きやき
っかけが少なくて済むものにしたい。そして、できるだけ台詞を覚
えなくても済むものにしたい。なぜって、アトリエの工事で稽古ど
ころではなかったのだ。工事は全力で、新作は省エネでつくれない
ものか、と、今思えば消極的なのか積極的なのかよくわからない心
境だった。それほど、劇団は連日、限界まで動いていた。当時のこ
とを思い出すだけであの独特の体のだるさはいつでも蘇る。

　2013 年 7 月 20 日に、劇団「地点」のアトリエ「アンダースロ
ー」は、『CHITEN の近未来語』という作品で開場した。劇団はア
トリエを持ち、レパートリー作品として定期的に作品を発表してゆ
くことになったのである。アトリエ奮闘記はまた別の機会に譲ると
して、今私が考えたいのは、そもそもこのような特殊な状況、いや
不純な動機からと言ったほうがよいだろう、こうしてやることにな
った『CHITEN の近未来語』という作品についてである。

　この作品では、本番当日の新聞を使う。俳優は、舞台で新聞を広
げて読み上げる。これだったら、台詞を覚えなくても済む。新聞を
広げて、立っていさえすればそんなに複雑な動きをしなくても済む
だろう。（これに関しては、そうは問屋が卸さず、俳優は舞台をそ
れなりに忙しく動き回ることになった。）もちろん、新聞を読むだ
けではなく、小松左京の SF 小説からの引用で構成して、俳優が発
する台詞の半分ほどは、あらかじめ決められた、いわば通常の台詞
となった。全体の運びとして、誰がどの箇所で国際面あるいは科学

面を読むか、甲子園ニュースを読むか、俳句を読むか、きっかけは
すべて決まっている。その日の朝刊が届くのを待ち、昼から申し合
わせをして、どの記事を読むかを夜の本番開始までに決めるという
作業が行われる。通常、演劇の稽古は1ヶ月も2ヶ月も、同じこ
とを反復しながら次第に決まってゆくものだけれども、この作品に
関しては、本番当日まで台詞が確定しないということになる。楽な
のだか大変なのだかわからないが、稽古時間がとれない状況から生
まれた苦肉の策だった。それが結果として、偶然にも、それまでの
俳優の仕事の範囲にはあまりなかった、言葉に対してより反射的に
対応するという運動神経のようなものが問われる特別な作品になっ
た。

　ある作家の文体や、物語性がドラマを牽引するのではなく、新聞
の記事という無名の情報によって、これまでとは違うあり方の物語
を編んでゆくということが、まずはこの作品の力となった。わから
ないということが、ここでは生じない。観客が演劇を見ながらわか
らないと身構えるのは、大抵、作品背景についての知識や歴史認識
のなさを突かれたと思うからだが、この劇の場合は、もしわからな
くても、そのニュースや流行を知らないだけのことだから、自分が
何をわからないのかが瞬時にわかることになる。ところで、例えば
コントを想像してもらえればよいかもしれないが、時事ネタという
のは大抵笑いに結びつく。福島の原発の記事と英会話の宣伝が同列
に発せられるとき、不謹慎ということについて頭で考え、顔は笑っ
ていたりということが本番ではよく起こる。ポケモンGOに夢中に
なって事故に遭った記事に、ある観客は笑う。その反応に戸惑う観
客もいる。官房長官がポケモンGOへの注意喚起をわざわざ会見で
するという記事には、みんな笑う。週刊誌の広告に皇室ネタがあろ
うものなら、大変だ。「佳子さま(21)、うまい棒10円に感動」と
か「紀子さま(50)、緊急家族会議」などは、鉄板である。社会に

対する批評精神をくすぐられると観客は笑うしかないのだ。

　タイトルにある「近未来語」は、小松左京の SF 小説からの引用をちりばめ、何十世紀も未来に生きる人間が日本の、なぜか今日の新聞を読んでいるという枠組みを設えたことに依る。俳優の発語の仕方も、テレパシーを演じてみたり、言葉遊びがあったり、広告記事を情熱的に叫ぶようなくだらなさもあって、この演目は予想以上に人気作品となり、劇団には欠かせないレパートリー作品のひとつになっている。

　そして、2016 年 8 月 9 日に本番があった。本番をあえてしたのではない。もちろん偶然あったのである。これは、大袈裟な言い方ではない。くりかえすがその日、あったのである。天皇が生前退位の意向を発表したいわゆる「お気持ち」放送の翌日である。

　この演劇は、その日の新聞を扱うことが重要なのだから、たとえ平凡な記事しかなく大きな事件がない日でも上演してきたし、むしろそういう日こそ観客は日常を強く意識し、フィクションを考えることができる作品として成立してきた。事件性や記事の内容そのものが、必ずしもドラマの内容ではないという演劇の新しい有り様が示せたような気すらしていたのだった、その日までは。

　その日の 1 面は、天皇一色。ほとんどの紙面はその関連記事である。どこを読んでもほぼ天皇ネタ。誇張ではない。本番で使用している朝日新聞はわざわざ、「天皇陛下お気持ち表明関連ニュース」として 1 面に目次を掲載した。

　　連載「象徴天皇のこれから」2 面／生前退位、検討を本格化 3 面／与野党の反応 4 面／海外も速報 9 面／お言葉全文など 10・11面／社説 12 面／象徴天皇のあり方 13 面／公務で接した人たちは 36 面／11 分間、重い問いかけ 37 面

アクチュアリティとは何か？

　他の面はほぼスポーツとひたすら広告である。ここで、注意しなければいけないことがある。新聞は現実を描くものかということ。つまり、報道は、時事と事実を伝えることが前提としてあるとしても、今時、新聞を情報の中心としている人はそう多くない。何が言いたいかというと、天皇の生前退位は、果たして日本のニュースとして大きいものなのか、ということである。テレビではさほど扱われていない感触を持っていた私としては、新聞が大きな扱いをしていることに、納得はしたものの、それこそ人々の興味はこの問題にはさほどないのではないかと疑ってもいた。別の見方をすれば、テレビがあえて報道を自粛している空気を感じてもいた。いや、おそらくこちらの方が本当だろう。昭和天皇による玉音放送以来、この国は変わっていない、ということに気づかされたのである。しかし、人々はこれについて無関心を装える。沖縄の基地問題が日本人にとって今一番考えたくないことだとすれば、天皇制については何が問題なのか、そもそも考える力そのものを削がれてきたのではないか。そこへ、やっぱり、ついに来た。本物のフィクション、いや現実が。最大のタブー。天皇一色のテキストを扱う本番をやる。これは、そもそも演劇なのか、それとも政治なのか。

　シェイクスピアは、王立劇団の座付き作家だったから、登場人物を隣国の王様に置き換えて劇にした。自国の王や政治をあからさまに取り扱えば、もちろん首がとんでしまうから、巧妙にそれをかわした。当時の観客、貴族も含めて民衆は、だからその巧妙さを見抜くことで、劇を楽しんだはずだ。つまり、架空の設定に現実社会を照らし合わせて見ていたし、時代劇として完全なる向こうの国の話として上演されるようなものでは少なくともなかった。現代演劇は、だから、アクチュアル（今日的）な問題が描かれているとしてシェイクスピアの時代設定を現代の政治状況に置き換えてそれに対応させる傾向がある。これが一般的な古典へのアプローチだろう。私は、

演出家としてそういうご都合主義的な置き換えは、姑息だと思っているが、いずれ、演劇がアクチュアルであるとはどういうことなのかを考えなければならないことは、いつの時代でも同じであるに違いない。

　演劇は政治か。あるいは政治が演劇なのか。『CHITEN の近未来語』という作品は、アクチュアルな題材を真正面から取り上げるという危険を冒しながら、現実とフィクションについて考えさせ、図らずも政治と芸術の間を土足で行き来するようになったのである。

　とにかくその日、劇団はいつもより早めに集まって新聞を読んだ。俳優が記事を声にするのを演出である私が聞いて、本番にかけるかどうかを検討するという特殊な稽古である。記事には、お気持ちの全文が掲載されている。それを耳にして、ふと玉音放送のことを思う。私はこれまで、別の演出作品では玉音放送の一部を使用したこともあるが、今回のお気持ちは少し印象が違うことに気がつく。もちろん玉音放送は文語であり、お気持ちは口語であるということの違いはあるが、私の違和感はそのことではなかった。

　玉音放送には、誰もが思い浮かべるように当時の日本人が地面に正座して泣き崩れているあの景色がある。私は当時生きていなかったから、テレビのアーカイブでそれを見たことになる。当時を生きた太宰治は、『トカトントン』という小説で、「一むれの小鳥が一つまみの胡麻粒を空中に投げたように、音もなく飛び立ちました」と主人公が見た風景に心情を託している。どの時代に生きようとも、声の持ち主である昭和天皇その人を想起するような印象を持ちにくいのが、玉音放送の核心と言える。つまり、あの声を聞いて人は地面か空を見たのだ。その理由は比較的簡単で、当時人々は天皇の肉声など一度も聞いたことはなかったのだから、聞こえている声と毎日のように見ていた写真を結びつけて想像しにくかったのである。

アクチュアリティとは何か？

そして、戦後に生まれて今日に生きる私にとっても、あの声と直結するのは敗戦であり、それを聞いている人々の姿をむしろ思い浮かべるものだ。玉音放送は聞いていても、実際の声の主を具体的にはイメージしない構造にあると言ってよい。まぁ、言ってみれば神の声だったから。

ところで、それから70年以上が過ぎ、同じく天皇が発した声はというと、少し違った。俳優が新聞に掲載されているその言葉を読み上げているのを聞いている私は、当たり前だが、天皇の顔を想像しているのである。その前日に放映されたテレビでそれを見てもいるのだから当然と言えば当然で、そのイメージは鮮明である。天皇をやめたい、と発している声の主の顔をはっきり思い浮かべる私。同時に彼について、一体何を思えばいいのかは見えていない私。きっとこれが70年前ならば、私だって空のひとつや二つ見上げたかもしれない。今は何かが違う。もちろん地面を見るのも変だ。仕方がない、私はまっすぐ自分の目線の高さでこれを見るしかない。テレビを見るように。そして私の目線の先には、それを読み上げる俳優がいる。

無理だと思った。これまで様々なテキストを舞台にかけてきたが、これはちょっと無理かもしれない、と思った。仕方がないので、目をつぶってそれを聞く。当然、声の主の顔が浮かぶ。まずいと思って、あきらめて薄目を開けると、そこには俳優がいる。ただの人。もしこれが、首相とか政治家の発言を読む記事の場合、俳優は某^{なにがし}かに見えることが多い。つまり、書かれている内容に対しての不満、あるいは皮肉でもいいし、または賛同でもよいが、とにかくそれを読む人として何らかの立場をとっていることを、見ている側は想定するからだ。大抵の場合、政治ネタは観客が笑い飛ばす方向で決着がつくことが多い。しかし、お気持ちは笑えないのである。玉音放送が笑えないのと同じように。そして今回の場合は、泣くこともで

きないのだから手に負えない。果たしてこのテキストは一体どうしたものか？　その日の新聞を本番に使うと決めたのはこちらだったとしても、いくら何でも酷というものではないか。俳優が天皇を批評できないとはどういうことなのか？　芸術は何でもできるはずだし、やっていいはずじゃなかったのか。焦りとともにどんどん本番の時間は迫ってくる。お気持ちは保留して、できるだけ多くの記事にあたる。生前退位についての解説、有識者の意見、皇室制度のあゆみ、宮内庁の説明など、どれも当たり障りのない記事ばかりが紙面を覆っている。当たり前といえば当たり前だ。最大のタブーを目の前に誰もが「ただの人」になっている。そういう構造になっているのだから。やはりこの件に関しては、沈黙したほうがましなのだ、とニヒリズムに陥りそうになったとき、ある記事を俳優が読み上げた。次に記すのは、本番で使用した国際面の要約である。

天皇陛下お気持ち、海外も速報。米CNN「日本の天皇が異例演説」と見出しで速報。スペインのエルムンド紙、仏ルモンド紙、第2次大戦終戦時の昭和天皇の「玉音放送」や、東日本大震災直後のメッセージなどを引き合いに、極めて異例なものだと強調。イタリアのコリエレ・デラ・セラ紙は、「力の衰え」を理由に、2013年に約600年ぶりに生前退位した前ローマ法王ベネディクト16世を思い起こさせると伝えた。ニューヨーク・タイムズ「皇室にとって戦後の大きな転換となる」「女性への皇位継承容認をめぐる論争が再燃する可能性がある」と指摘。ベルギーのルソワール紙「天皇の生前退位をめぐって、安倍首相がジレンマに直面する」。中国、……国営新華社通信、……戦後70年……「満州事変に始まるこの戦争の歴史」……「日本国のシンボル、誇りに感じる源泉」。韓国、朝鮮日報、メッセージの発表から約2時間後に韓国語訳の全文をサイトに

掲載。文化日報「平和を強調してきた天皇が、安倍政権の改憲議論を阻止、遅延させるために生前退位問題を作り出したのではないかという分析も出ている」と伝えた。中国外務省は、「日本の内政であり、コメントはしない」と述べた。

　この記事を読み上げる俳優を私は、まっすぐに見ることができた。いわゆる外側の目線でこの出来事を報道している記事を日本の新聞がまとめ、それを読み上げる人は何者なのか、と問うとき、新聞も俳優も伝達者以外の何者でもないだろう。ここに間違いはない。何かすっきりした、清潔とでも言おうか、不思議な風が吹いたような気がした。特に、イタリアの新聞がベネディクト16世を引き合いに出したところや、中国外務省がコメントしない、と言ったことには、自然と笑いがこみあげた。天皇制を扱うには、当然このような外側の目線、冷静な場所が必要なことは言うまでもないが、さてしかし、相対的な視点に安住していても何も始まらないのが、この問題の大きさであることに再び気がつくとき、私はこの風をあえて止めたいと思った。表現とはそういうものだ。中国の記事で「……」と表記したところがあるが、そこで、お気持ちの録音の一部を重ねてうっすらと流した。ほんの十数秒の引用だが、その声が劇場に流れた瞬間、そこにいた人々、観客だけでなく俳優ももちろん私も含め全員が、凍り付いた。もっと正確に報告すると、録音が流れた瞬間、一部の観客がどっと笑った。その直後にピシャリと静寂が訪れた。まるで、誰かが大きな金槌で劇場の天井を叩いたかのように、一瞬で「まずい」という気まずさが支配した。最大のタブーの登場だった。劇はそれを受け入れた。

　あえて言いたい。日本には天皇制がある。劇は改めてそのことを念押しした。そして「私たち」は「彼」を見た。テレビに映っている彼とは少し違って見えた。私たちは、ようやく舞台にいる俳優の

ひとりひとりと彼を照らし合わせた。やっぱり「ただの人」たちがそこにいる。彼もまた、「ただの人」にも見える。ところが、どっこい。録音の声は舞台にいる人に言う。「国民を思い、国民のために祈るという務めを、人々への深い信頼と敬愛をもってなし得たことは、幸せなことでした」。どうりでおかしいと思った。このような台詞を俳優が口にすることはできなかったわけだ。笑えない。泣けもしない。そこには圧倒的な差別がある。なぜならば、私たちは彼にとって国民だった。では改めて国民が集っているこの催しものは一体何だ、という怒りのような感情が私を襲った。おそらく劇場にいた別の私、つまり国民である隣に座っている観客だが、その人もそう思ったに違いない。私たちは、やっぱり彼の名の下に国民にされる。少し前は、彼は私とは全然違った。公に差別されていた。彼は、自分のことを私とは言わなかったのだから。彼は、自分のことを朕と言った。「其レ克ク朕カ意ヲ体セヨ」とは、玉音放送の最後の言葉だが、あえて口語訳すれば、「私の気持ちを理解し、そのようにして欲しい」となる。しかし厳密には、私たちはこれを翻訳してはいけない種類のテキストとして考える立場にあった。差別という言い方が誤解を招くならば区別でもいい。私と彼は明らかな区別の下にあった。そしてこのたび、やっぱり、ついに来たのは、実は「朕」と同じ種類の主語だったのではないか。

　今ここで私は人間宣言以降の象徴天皇についてとやかく議論したいのではない。もちろん「朕」が「私」に変わったことは理屈ではわかっているつもりだ。その理屈を前に、沈黙し、あるいは無関心を装ってきた「私」がいるのだとして、なんと彼が「私」として何かを言い出している事態。ほとんど宇宙人との遭遇？　とんでもない。彼は人間だと言っている。それどころか日本人だと言っている。失礼。一応、私たちが彼にそうなって欲しいと言ったことになっているのだから。国民の総意。

160

アクチュアリティとは何か？

　私たちとは誰なのか。国民とは誰なのか。そして天皇制とは誰のものなのか。そんな哀しみを見た観客は、その日、あっと言う間に劇場をあとにした。見てはいけないものを見たという思いと、ひとりにならないといけないという思い、これが私たちに生じた気持ちだったのだろう。いつもなら、終演後、観客が留まるカフェ・バーに、残されたのは劇団のメンバーだけだった。こうして、演劇は観客を孤独な散歩に促すことに成功する。その先のことは知らない。みんな勝手に考えるしかない。もちろん「私」もそうだ。

　翌日、私は近所の朝日新聞の販売店に行った。無理を言って前日の朝刊を30部ほど譲ってもらった。再演することを決めたからだ。本来この作品は、本番当日の新聞をテキストにするということが、劇の根幹をなしていたはずなのに。

　2016年8月9日版としてこの作品を再び上演する意味は、どこにあるのか。もしかしたらうまくいかないかもしれない。しかし、やってみる価値がある。これが演劇として耐えうるのかどうか、見る価値はある。

　再演することが演劇であるということは、つまり、記憶すること、記録すること、それを再生すること、それが表現になるということだ。誰の表現なのか。私は忘れていた。あなたも忘れていた。みんな忘れていた。だから私たちは思い出す。いや、思い出してしまった。あの日を。8月15日。ラジオが何を言っているかわからないけれども、決定的に何が起こったのかはわかっていたあのときを。生まれていなかった者も、これから生まれる者も、そのときは来る、思い出す日が。そして、8月9日も、そういう日だった。みんなが忘れていたことを知るときだった。かなり暴力的にそれはあった。偶然居合わせた者たちの表現。その感触。不気味。隣の人を見るのが忍ばれる空気。それが、もしかしたら政治かもしれない。いや、本来、政治はもっとやさしいはずだ。やさしくなんていられないの

が演劇。だから、演劇と政治を比較するのはやめたらよかった。演劇はひどいことをするものだ。これから先のことは誰にもわからないだろう。古びてゆく8月9日。忘れていくあのときの気持ち。また思い出せるだろうか。しんどいだろうな、きっと。誰が？　もし救いがあるとすれば、そのとき私はひとりではなく、また偶然居合わせた者たち、つまり観客と一緒だということだけだろう。しかし、結局、私たちはひとりで家に帰る。もし、それが嫌ならば、「われわれ」を持ち出そう。我々は国民だってさ。ただし彼の名の下で。

　天皇制については、有識者会議でも国会の討論でも、ましてやテレビの特集番組でもほとんど何も共有できないと思う。右だとしても左だとしても、あるいはそのどちらでもないと思いたい人だとしても、いずれ、感じざるを得ない不備は、この国に蔓延している。それに応えるのが演劇だとわかったのである。日本人にとって圧倒的なアクチュアリティとは、天皇制および天皇本人のことであると思う。ここを避けて通れないことを、2016年8月9日の本番で気がついた。それに気づかせてくれたのは、観客である。いや、正確に言えば、そこに集まった人たちが立場に関係なく、誰でも気づいてしまったと言うほうが正しい。私はこの一点においてのみ演劇が恐ろしい芸術であると思う。今のところ「私たち」に必要なのは、だから演劇なのである。裏を返せば、「彼」を支えている「彼ら」にとっては不必要なのである。しかし、残念ながら社会は、この装置を手放すことはできない。私がではなく、むしろ私以外の人々が。当の私個人は逃げることが可能なのだから。天皇制？　そんな難しいことは、俺の人生には関係ない、と思うことは明日からだってできるだろう。そんな明日の集まりが民意だとすれば、話は楽だし実際そうなのかもしれない。

しかし、そうはいかなかった。あの静寂は何だったのか？　あの気まずさは誰のものなのか……。もちろん私たちのだ。ほら、忘れっぽい私たちのものだ。だから、やっぱり、ついに来たのである。本物の演劇が。

　この作品の本番がこれからもおもしろいのかどうかは知らない。そういう問題ではない。古典作品が今日性を持つとき、私たちはその作品がアクチュアリティを持つ良い作品だと評価してきた節があるし、これからもきっとそうだろう。しかし、本質的には違うのではないか。それは、後世の人々がある都合によってそう思いたいだけの貧しさだったのではないか。だから、アクチュアリティとは、大抵「生ぬるい現実感」と翻訳してよろしかった。しかし、今、ここに私ははっきりと宣言できる。アクチュアリティとは演劇そのものである。演劇が現実なのである。このことをまず報告したいがためだけに、長々と書いてきた。そして演劇は本番がすべてである。だから、怖いけど再演しなければならない。

　日本で掛け値なしの演劇が誕生した。『CHITEN の近未来語 2016 年 8 月 9 日版』である。

自殺の理由

　なぜトレープレフは自殺したのか？

　このことをこれまであまり考えずに、素通りというか、なんとなくそういうものだと思ってきた私がいる。作家志望の自意識過剰な青年が恋愛や芸術、人生に挫折して自殺するのは、よくある話だと。だからこそ、観客だってより複雑な人間関係の方に意識を向けてきたのではないだろうか。トレープレフの母親である大女優のアルカージナと大作家であるトリゴーリンの愛人関係。トリゴーリンとニーナの顛末、妊娠。マーシャのトレープレフへの片思いとメドヴェージェンコとの結婚。三角関係が複数入り組むドラマはチェーホフの得意技で、先程の問いをあえて持ち出さずとも、見るべきものはあると思ってきたのではないだろうか。

　しかし、『かもめ』が恋愛物語や芸術論であるという読みができるとして、果たしてそれで満足なのだろうか。もっとあやしい、不可解なものが横たわっているからこそ、今日においても世界中で圧倒的な上演回数を重ねている人気作品なのではないか。私はどこかでそう期待していたし、もしそうでないのだとしたら、『かもめ』はやはり失敗作なのではないかと、この戯曲に対しては疑いの念もあった。

　ところが、最近、アトリエでの本番をくりかえし見ていて突然、わかってしまったのだ。長くやっている作品で、このような発見はなかなかないので大変に興奮した。いざ、何人かにこの発見を話してみたら、「へー、まぁ、そうかもね」という鈍い反応が大方なものだから、もしかしてみんなとうに気がついていたのか、自分だけ

164

が知らなかったのか、と勝手にトーンダウンもしているのだが、やはりこれは大発見なのではないかと思い直し、報告したいのです。

　もったいぶらずに、先に結論から言おう。

　『かもめ』で書かれたのは、信仰をめぐっての対立だった。

　第四幕、ニーナとトレープレフの２年ぶりの再会シーン。両者はそれぞれ女優と作家になっている。しかし、ふたりの実感は、昔に夢見ていたものとはずいぶん違う。女は自分のことを女優と言う前に、「わたしは──かもめ」と口走る。男は「作品がぼつぼつ雑誌に載りだしてからこっち、人生は僕にとって堪えがたいものになった」と言い出す始末。女はふたりの関係をなんとか総括しようと試みる。「あなたは作家、わたしは──女優。お互いに、渦巻のなかへ巻きこまれてしまったのね」とか「おぼえてらして、あなたは鷗を射落としたわね？　ふとやって来た男が、その娘を見て、退屈まぎれに、破滅させてしまった。……ちょっとした短編の題材……。これでもないわ」などと錯綜ぎみだが、とにかく女優と作家という職業について何らかの結論を出そうとする。「今じゃ、コースチャ、舞台に立つにしろ物を書くにしろ同じこと。わたしたちの仕事で大事なものは、名声とか光栄とか、わたしが空想していたものではなくって、じつは忍耐力だということが、わたしにはわかったの、得心が行ったの」。トレープレフのことをコースチャと愛称で呼ぶほどの親近感を武器に、女はさらに続ける。「おのれの十字架を負うすべを知り、ただ信ぜよ──だわ。わたしは信じているから、そう辛いこともないし、自分の使命を思うと、人生もこわくないわ」。

　どうだろうか。これは女がどこぞの新興宗教にひっかかって説教し出したように聞こえないだろうか。あわよくば男を勧誘しようと

しているように感じるのは私だけだろうか。やはりそれは違って、ニーナはきちんとこのあと釈明する。「トリゴーリンに会っても、なんにも言わないでね。……わたし、あの人が好き。前よりももっと愛しているくらい」と。つまり、トレープレフに対してあなたとは昔のような無垢な関係には絶対戻れないという釘をさしたのだった。

なぜトレープレフは自殺したのか？

ニーナの説教と勧誘に対する返答にすべてが語られているのだった。

　　　君は自分の道を発見して、ちゃんと行く先を知っている。だが僕は相変らず、妄想と幻影の混沌のなかをふらついて、一体それが誰に、なんのために必要なのかわからずにいる。僕は信念がもてず、何が自分の使命かということも、知らずにいるのだ。

どうだろうか。一見、男がめそめそと嘆いているように見えるが、それはただの優しさか装いでしかない。見事にニーナの言い分を全否定してしまったのである。私から言わせてもらえば彼の本心は次の通り。

　　　「道」なんかないだろう。「行く先」なんかないだろう。「妄想」と「幻影」を見る力が芸術だろう。違うのか。「混沌」に目を向けずにどうする。「誰に」とは君の場合、神か？　「必要」なのは神なのか？　「信念」とか「使命」のよりどころをまだ君は、この期に及んでも神とするのか？

女はこの無神論者の男を前にして逃げるのだった。しかも馬車付きで。

ニーナ　（きき耳を立てて）シッ。……わたし行くわ。ご機嫌よう。
　　　　わたしが大女優になったら、見にいらしてちょうだいね。
　　　　約束してくださる？　では今日は……（彼の手を握る）も
　　　　う夜がふけたわ。わたしやっとこさで、立っているのよ。
　　　　精も根も尽きてしまった、何か食べたいわ……

男はもう余裕だ。君とは信仰が違う。

　トレープレフ　ゆっくりして行って、夜食ぐらい出すから……
　ニーナ　いいえ、駄目……。送ってこないでね、ひとりで行ける
　　　　から。……馬車はついそこなんですもの。

　このふたりは青春を共にして、夢見ていた職業に就いた。しかし、
人生はそううまく行かない。女はそのために必要なのは「忍耐力」
だと言い、男はそれを否定した。なぜならば、男は忍耐力の担保を
「おのれの十字架を負うすべを知り、ただ信ぜよ」と旧態依然の信
仰とすることは、無理だと知っているからだ。だから、彼は「僕は
信念(つまりは神)がもてず、何が自分の使命(つまりは信仰)かとい
うことも、知らずにいるのだ」とうそぶいたのである。
　さて、この解釈が正しいのかどうかを考える上で、チェーホフ自
身が宗教についてどう考えていたのかを冷静に見なければならない
だろう。チェーホフは小説も含めて宗教を題材にすることはほとん
どなかったし、手記などにも神について触れているものはあまり見
当たらない。宗教に距離をとっていたことは確かだろう。チェーホ
フ自身が無神論者であったことは想像に難くないが、神が存在する
のかしないのか、二元論的な罠にはまらないように気をつけなけれ
ばならない時代だったことは確かだ。当時のロシア文学には、あの
ドストエフスキーが君臨していた。チェーホフにとって上の世代に

『かもめ』(撮影：Evgeniya Seldechinogo)

あたる大作家は宗教を真っ向から扱った。チェーホフにしてみれば、それと距離をとることは必然だった。ロシア文学の専門である沼野充義氏の著作の中の「聖性の〈剝ぎ取り〉」という項で、まさにその点が指摘されている。

> ドストエフスキーの場合、神はまだ信じるべきものとしてあり、その信仰に挑戦し、それを侮辱し、揺るがすものが蔓延しているこの世界にあって、信仰をいかに守り、可能にするかということが問題だった。しかし、チェーホフはむしろ、神という前提が崩れてしまったところから出発しているため、超越的な聖もまた剝ぎ取られてしまうのだ。チェーホフは神の存在と神の不在の間の、居心地の悪い領域を探索しながら、それでも聖なるものがそこから芽生えるとしたら、それは何なのかを考えようとしていたように思える。
>
> (『チェーホフ 七分の絶望と三分の希望』)

　私は以前、ドストエフスキーの『悪霊』を舞台化したことがあるが、その小説の中には、何度も無神論という言葉が登場する。例えばこんな感じだ。

> ① どうしてこれまでの無神論者が、神はないことを知りながら、同時に自分を殺さないでこられたのか、ぼくにはわからない。
> ② あなたは自分で言われたこういう言葉を覚えていますか。『無神論者はロシア人たりえない、無神論者はただちにロシア人たることをやめる』、覚えてますか！
> ③ あなたは無神論者ですか？　いま無神論者ですか？
>
> (江川卓訳)

チェーホフは、このような議論の只中に生きていた。「神の存在と神の不在の間の、居心地の悪い領域」で起こったのが、ニーナとトレープレフの攻防だった。①や②への応答がトレープレフの自殺であり、③で重要なのは、「いま」と限定されているということ。まるでニーナの変わり様に対する叶わぬ問いかけのようなものだ。ニーナはドストエフスキーの信仰にまで戻った。トレープレフは、その流れに乗ることを拒絶したわけだ。そしてチェーホフは『かもめ』以降、主人公を殺さなくなった。『三人姉妹』のマーシャとヴェルシーニンのやり取りは、まるでトレープレフを総括するかのようだ。

　　マーシャ　わたし、こう思うの——人間は信念がなくてはいけない、少なくも信念を求めなければいけない、でないと生活が空虚になる、空っぽになる、とね。(中略)……なんのために生きるのか、それを知ること、——さもないと、何もかもくだらない、根なし草になってしまうわ。
　　ヴェルシーニン　なんにしても惜しいですよ、青春が過ぎ去ったことは……

「根なし草」とは、トレープレフのことだ。「何もかもくだらない、トレープレフになってしまうわ」と言っているのである。そして「なんにしても惜しいですよ、青春(トレープレフ)が過ぎ去ったことは……」と嘆いてもみせた。

　先に私は、ニーナはドストエフスキーの信仰にまで戻ったと言ったが、正確には違う。どういうことか。
　チェーホフはニーナを人間としては扱わなかった。チェーホフは、ニーナをひとつの象徴としなければならなかった。ニーナという存

在を、観念として考えた。「かもめ」とは渡り鳥であって、それこそ、「根なし草」とも言える。つまり、ニーナもまたトレープレフと似た者同士なのである。再び、沼野氏の指摘を借りると、ドストエフスキーとは違って、チェーホフは「超越的な聖もまた剥ぎ取られてしまう」存在として、射ち落とされる渡り鳥を用いたのであった。そして「聖なるものがそこから芽生えるとしたら、それは何なのかをかんがえようとして」、『かもめ』で〈演劇〉を書いたのである。「わたしは——かもめ。……いいえ、そうじゃない。わたしは——女優。そ、そうよ！」と言いながら、彼女は「わたしは生け贄だ」と語っている。まるで剥製にされたかもめのように中身は空っぽなのだと。決して「わたしはニーナ」と名乗らないのは、信仰に対する実体を描くときに、ニーナという架空の人物では無理だとチェーホフが直観したからだろう。もし、信仰を持つことが可能な人がいるならば、それは「わたし」を見ている観客に委ねるしかないと。そのとき「わたし」は誰かと言うと「女優」、つまり演劇を遂行している媒体者である。ニーナは自分が一役者だと名乗る以外になかった。フィクションとノンフィクションの間をついた見事な役名が「かもめ」なのだ。それが「聖なるもの」の誕生なのかどうかは別として、チェーホフは、こうしてドストエフスキーをも乗り越えた。

　四大戯曲の中で最も宗教に接近したのが『かもめ』である。そのとき批評の対象となったのが〈演劇〉そのものだった。だから、観客は今でも『かもめ』を見たい。それは今日においても信仰 VS 無神論の攻防が水面下で繰り広げられているからである。まだ一神教か、まだ偶像崇拝か、と。
　私の演出によるラストシーンは、自殺したはずのトレープレフが、再び登場するというものだ。原作の冒頭にあたる劇中劇が始まる直前の台詞が語られる。「皆さん、始まる時には呼びますよ。今ここ

にいられちゃ困るな。暫時ご退場を願います」。彼は、他の俳優たちが固まって動かない姿を見て、その顔に向けて手をかざす。見えていますか？　誰も動かない。彼の手はやがて観客に向けられる。見えていますか？　もちろん観客も動かない。この演出は、トレープレフ以外の人間が、死者の世界に生きている、つまり、生と死が反転したことを意味している。私たちはトレープレフほど無神論者でもなく、曖昧な信念の中でむしろ死んでいるのかもしれないという皮肉。死んだ者たちは、この男のように私たちの世界を見て、からかっているのではないだろうか。

沈黙の国の演劇

　パリで研修していた頃、私はとてもおしゃべりだった。はじめは片言だったフランス語も、半年もすれば文法そっちのけでのべつしゃべりまくっていた。フランス語の特徴のひとつに動詞の活用があり、それをマスターするのに皆、苦労する。そこで私が編み出したのは何もかも現在形でしゃべるという方法だった。過去のことは手のひらを後ろに示し、未来のことは逆に手のひらを前に押し出すというジェスチャーで乗り切った。おかげで今でも私のフランス語は動詞の活用が曖昧なまま進歩していない。なぜ、そうまでしておしゃべりしていたのかというと、しゃべらないと人間扱いされないというただそれだけの理由だった。劇を見たあと感想を友人に言えなければ、人間失格。いま自分が何を考えているのかを口にしなければ、子供同然。語ることが何もなくても無理矢理しゃべりながら考えるという感覚を身につけてしまったことは、私の後の演出の仕事にも案外役に立っているのかもしれない。そう、演出家のイメージなんてそもそもあってないようなもので、やりながら（しゃべりながら）考えるというのが実は本当のところのような気がする。創作の現場では、開示された不安や、まだ全容を摑めない世界観について、まずはそのわからなさを人と共有することから始めなければならない。私は今、日本人より例えばフランス人の方が優れていると言っているのではない。むしろおしゃべりな外国人たちにかなり辟易している私ですらも、２年間もそこに住めば、致し方なくその処世術を身につけたということに過ぎない。

外国の戯曲、ここでは主にヨーロッパやロシアの戯曲を眺めれば、ひとつ大きな特徴を見て取ることができる。台詞が長いのだ。古典か現代戯曲かにかかわらず、ひとりが一度にしゃべる量が多い。これはその戯曲の個々の作家性に依るのではなく、乱暴な言い方をすれば、あの２年間のおしゃべりと同じだということだ。向こうでは、「サバ？」(元気？)と聞かれて「ウイ、サバ」(うん、元気)とだけ答えたら変な顔をされる。必ず「エ、トワ？」(それで、君は？)を付け加えなければならない。そうすると相手は、「ウイ、サバ、メルシー」(うん、元気、ありがとう)となるわけだ。毎日顔を会わせる家族の間でさえ、必ずこの挨拶の往復がなされる。日本なら「おはよう」「おはよう」はまだ良いほうで、親しい仲ならば「ども」「ども」で終わりだろう。だから日本の戯曲は台詞が短いのである、と言えばあまりに単純だが、そもそもこうした挨拶ひとつ、コミュニケーションの仕方ひとつにその国の文化が表出していることは確かだ。言葉が思考回路であり、言葉が社会にかたちを与えるということは、決して大袈裟なことではなく、演劇をやっているとその構造を感じざるを得ない。「サバ？」(元気？)と聞かれて私が「ノン、サバパ」(いや、元気じゃない)と答えたとする。ここでフランス人は獲物を見つけたような不敵な笑みで聞き返す。「アレ、ディ、モワ」(よし、聞くよ、私は)。こうなったら最後、私は10行以上を間髪入れずにしゃべり続けなければならないわけだ。これが、ダイアローグと呼ばれる「対話」である。日本語のように合いの手を細かく入れてゆくような「会話」とは異なる。10行終わったら、今度は相手の10行を聞く。その応酬。対話とはこのように長く続く。気がつけばコーヒーは３杯目、胃もたれしながら私の過去と未来のジェスチャーは疲れ果て、ただひたすら現在形で物申すというのが、私のパリ時代のカフェでの習わしだった。

沈黙の国の演劇

　フランスに限らず、ヨーロッパやロシアの演劇を見ているときに、ただただ突っ立って長く台詞をしゃべる俳優の姿と出くわすのは、この 10 行の応酬による対話の文化に由来していると考えなければならない。しかし、ここで重要なのは、では観客はその 10 行に飽きずにきちんと目を向け耳を傾けているのかと言えば、決してそうではないということだ。長い芝居に耐えられないのは世界共通だからおもしろい。観客はいつでもどこでも正直なもので、カフェで「アレ、ディ、モワ」(よし、聞くよ、私は)と言えるのは親しい仲だからこその能動性であって、客席ではそうはいかない。少しでもヒマしようものならすぐに瞼は重くなるし、やがて席を立つというものだ。演劇が「公」という恐ろしく厳しい場で、そのコミュニケーションを担っていることがわかる。だから演出は毎分毎秒とにかく注意を惹き付けるようにがんばらなくてはならない。そこで一番手っ取り早いのはウタにすることだろう。古今東西を問わず、劇がウタってきたことが言うまでもないのは、長い台詞や、説明的な台詞をどうにか飽きさせないようにという、工夫の歴史とも言える。

　ウタが日本語だけでも、詩、謡、唄、歌、と様々に表記できるように各国でもウタを表す言葉はたくさんあるだろう。ギリシャ劇では詠唱が、シェイクスピア劇では朗唱が、能楽では謡いが開発された。最近はミュージカルでまさに、「歌」う。現代演劇でどうウタうのかを考えなければ観客は席を立つわけだ。つまり私たちは現代演劇の客席にはおいそれとは座れない、ということかもしれない。そういう開発中の演劇とは距離をとっていたい、文学だか哲学だかあるいは政治だかを説教されるのはご勘弁、となる。「私たち」とは今、客席に座っているすべての観客のことを指しているわけだが、その私たちは不満を抱えている、とこの「私」は客席で考える。どうしてあの俳優はあれだけの長い台詞をただだらだらとしゃべっていられるのだろうか。歌でも歌ってくりゃれ、さもないと寝ちまう

よ、と。しかし、いざ歌われるとまた不満が募る。なんて下手なんだ、と。あるいは曲が凡庸だ、いや、歌うこと自体がそもそも安易で古くさいのだ、と。「私たち」が客席で多かれ少なかれこうした不満を抱いていることを「私」は知っているし、隣に座っている「あなた」もわかっているのである。さあ、大変だ。劇場で芝居が楽しめないとなったら、人生の喜びが半減すると思う人、そのような気持ちでいる「私とあなた」はどこにいますか？　と私は問いたい。この沈黙の国、日本で。ここからは「私たち」という主語を日本人、あるいは日本に暮らす人々を指し示す言葉に限定して少し考えてみたい。

　私たちは黙る。かろうじて天気の話でもしてごまかす。何をごまかしているのか？　対話の文化を持たない私たちは、互いを憲（おもんぱか）ることで沈黙を守っているのであって、ごまかしているというのは濡れ衣だ、と思える日本人は立派に演劇なしで生きてゆけるし、そうしてきた。その代わりにオペラなどを見て、またお茶を濁すことになる。しかしこうした観劇に勉強が伴うことは事実だ。ここで教養が必要となり、それを身につけた者だけが、舞台の善し悪しを口にすることができる。玄人観客。あの人は、オペラ狂いだから、となる。そう、舞台を好き嫌いの基準で扱うのは結構だが、実はその程度の認識では舞台芸術が安易な娯楽に成り下がる傾向を助長することになることをさえ、私たちは知っている。これもよく耳にする、「演劇のことは素人なのでよくわかりません」という決まり文句は、教養も含めて何を勉強したらいいのかを知らないふりをしたいとはっきり自覚した上での発言である。演劇はややこしい。ところが私は、客席に座ったら最後、素人も玄人もないと思っている。教養はあるに越したことはないが、むしろ邪魔になることの方が多いとすら思っている。さあ、また大変だ。「あなた」はわかっている。し

かし、「あなた」は「私たち」の一員になれないもどかしさの中で沈黙を経験している。外国では「私たち」が盛り上がっているらしいこともうっすら知っている。私が京都でアトリエを構え、劇団を維持し、作品をレパートリーとして毎月上演しているのは、日本では珍しいが、世界では当たり前ということも、日本人は知っている。私たち日本人は、いつだって物わかりがいい。善良な日本人は外国のことは外国のこととして尊敬はするが、自分たちの問題としては距離を保つ。沈黙は、島国の特権。先に結論。私たちは、個人でいることをごまかしたいのだ。なぜか？

　劇作家の別役実のエッセイに、田舎の人は山や海を見ているので、あまりしゃべる必要がない、というくだりがある。確かに私の故郷である秋田に住むおじさんおばさんもそうだった。天気のことを話しているところしか聞いたことがない。あとは念仏くらいだろうか。私は田舎に住む人を侮辱しているのではない。私もそのうちのひとりである感覚を持っているわけだ。田舎に帰れば私も空と風と雨を見る。それが正月ならもちろん雪だ。私たちは自然を見る。自然に帰る。そこでは言葉ではないもっと違う力に圧倒されている。言い方を換えれば、自然に翻弄されることを日々の生活としている。そこでは人は当然、寡黙になる。全国の寡黙なおじさんおばさんは、私の演劇を見ても絶対に「ブラヴォー」とは言わない。それは、海が荒れても山が吹雪でも「大変だ」とは騒がないのと同じ。自然が通り過ぎるのをじっと待つ。やがて寡黙な私たちにやってくる次の沈黙が、黙禱だ。人が死んだとき私たちは黙る。ひたすら黙る。みんなで黙るのが黙禱。日本人が人を悼む気持ちはもちろん何にも負けていない。被爆。震災。「万歳」だけが例外だった。「…………万歳」と言って死んでゆく人を許してきた私たちは、戦争に負けた。だからなおさら不用意に声を出してはいけない。沈黙はこうして強

固になった。この卑屈さを見事に暴いたのが、別役実の戯曲『象』
である。

男　　叔父さん。
病人　何だい？
男　　もうジタバタするのはやめましょう。
病人　何だと？
男　　僕もそう考えたけれども、もう誰も僕達を殺してくれる人
　　　なんか居ないんです、本当ですよ。
　　　「ケロイドが、伝染るといけないから」なんて言う人が居
　　　ますか？
　　　誰もそんなこと言いやしない。誰も言いやしませんよ。
　　　そうじゃなくて、いいですか、これは本当の話ですが、原
　　　爆症の男の人とでなければ、結婚しないという娘さんがい
　　　るんですよ。当り前のきれいな娘さんなんです。それから
　　　ケロイドのある女の人でなければいやだっていう男の人も
　　　居るんだそうですよ。
　　　現に、ここでこの前まで働いていた看護婦さんは、そうい
　　　った男の人にもらわれていったんです。
　　　ねえ、それじゃまるで僕達は愛し合ってるみたいじゃあり
　　　ませんか？
　　　そうでしょう。僕達を殺したり、僕達の悪口を言ったりす
　　　るのは禁じられているんです。そういうシクミになってい
　　　るんですよ。だからみんなニコニコしています。愛し合っ
　　　ているみたいなんです。
病人　そうなんだよお前、俺達を愛してくれる人も居るんだよ。
男　　ちがうんですよ、叔父さん。

沈黙の国の演劇

　描かれているのは、日本の戦後の風景である。広島で被爆し、背中のケロイドを見せ物にしていた病人が死んでゆく話で、甥の男がなんとかそれを止めさせようと説得する場面だが、ここで注目しなければならないのは、男の「そういうシクミになっているんですよ。だからみんなニコニコしています。愛し合っているみたいなんです」だろう。私たち日本人は沈黙する「シクミ」で「ニコニコ」と「愛し合っているみたい」だと、辛辣に日本人の精神構造を批評している。

　私たちが個人でいることをごまかしてきた最大の「シクミ」が、敗戦によるねじれだと言ってよい。日本人が「天皇陛下万歳」と言えなくなったとき、その代わりに別役は「ケロイドの裸男が来たぞお」と舞台で叫ばせた。私たちは、「愛」とは無縁なのである。「愛し合っているみたい」と言って、別役は私たちの偽善を突いてしまった。言うまでもなく、「愛」とは、そもそも神との契約に基づくものである。だからヨーロッパやロシアで人々は「アーメン」と言う。日本で「天皇陛下万歳」と毎日、祈りを捧げる人は特殊だろう。あちらでは、祈りの儀式が存在する。ひとりひとりが神の名の下に繋がっているというのは、宗派を問わず基本的な考え方であり、そこでは、「自然」のような得体の知れないものに対してではなく、キリストだったりほかの誰かだったり、人間のかたちをした何者かが自分の目の前にあることを前提として沈黙する。いや、沈黙するのではなく、正確には何かをつぶやいているわけだ。しかし、そのつぶやき声は舞台では聞こえない。演劇では祈る代わりになんとかして、ものを言わなければならない。今日、キリスト教圏の作家たちが、自ずと神殺しを問題として扱っていることは言うまでもない。私は、宗教や政治について分析をしたいのではなく、あくまでも沈黙の構造について、私たちの問題として、なぜ、私たちは黙るのかということを考えたいのだ。

同じく日本の劇作家に太田省吾がいる。太田の演劇は、「沈黙劇」と名付けられた。代表作の『水の駅』では、登場人物が誰も声を発しないまま最後まで沈黙が貫かれる。世界的に見てもユニークなこの作品が生まれたのは、端的に言えば、太田が別役と同じ時代を生き、共通する課題を抱えていたからである。戦後の日本の風景を見つめたとき、誰も何も声を発しないことが表現になると踏んだのだ。しかし太田はその後、もう黙ってはいられなくなった、とまた別の表現を模索した。太田のエッセイに「声を出すということ」というものがある。長くなってしまうが、そのまま引用したい。

　　声を出している状態とは、おおむね素朴さにつらぬかれている。殊に、大声を出しているとき、人はほとんど原始状態をふるまうことになる。
　　人間は一般に、赤ん坊および幼児前期には大声を出し、しだいに小声になっていき、成人後ある時間をおいて再びしだいに声を大きくしていくもののようである。
　　この現象は、ことばに対する意識、こだわりの深さがもたらすものであり、まず、ことばについてこだわりが少ない場合大声を出すことができる。こだわりが少なく単純であり明快であるから大きく発声することができるのであり、それはまたつぎのことをも意味することになる。つまり、大きく発語できるのは、単純であり明快なことに限られると。
　　そして、ことばについての意識が育ち、こだわりを深めていくとともに、声は大きくしづらくなる。ならば、成人後半を経てしだいにまた声が大きくなるというのは何を意味するのであろう。それはことばについて、認識に変化が生じるためであるといってよい。つまり、ことばについての意識がそうたいしたものでない、そして人間結局そうややこしく生活するわけにい

かぬといった認識をもち、ことばを単純明快な範囲に限定しはじめ、やがてそれが生理化され声量をあげて行き、咳やクシャミさえも、若い頃とはまったく似ても似つかぬほど堂々としたものとなることとなる。

　つまり、現実の世界では、大きな声とはことばについてのこだわりの少ない健康さの、そして小さな声とは、こだわりの深い不健康さの発露であるとまず大雑把にいってよい。

　そして、声を出すことは、放出感を身体にもたらす。この場合も、大きな声の方が小さな声を出すことよりも放出感は強く、より健康なことであるということができる。

　われわれにとって、声を出すことがもたらす状態は、第一に楽になるということである。声を出さずに黙ってすごすことはつらいことである。それは、たとえば無限に複雑な煩悶のただ中にいつづけるということであり、内的発語というごく狭い、いわば節穴をたよりの呼吸に似た放出感しか得られぬということである。

　このとき、病的な発露でなしに、声を出すことのできる状態が訪れたとしよう。声を出す。すると、内的状況は相当に変化する。たしかに楽になるのだ。若干強調を加えていえば、鬱屈感が晴れ、大らかで素朴な気持ちになるのだ。つまり、ことばはこだわりを解き、単純化し、健康になる。

　声を出すことは、まずは、このように明るい道筋をもっているといってよいのである。

（『裸形の劇場』）

　太田がここまで執拗に声を出すということについて考えているのは、何を言えるのか、人前で、ということを問うたからだ。演劇が、偉そうに何か声高に叫ぶことを警戒しているのである。「声を出さ

ずに黙ってすごすことはつらい」と彼が言うとき、別役も太田も学生運動の時代に演劇を始めた世代であることを考慮に入れなくてはならない。その挫折、行き詰まりにどう対峙するのかという強い意識があるからこそ「つらい」のである。太田はかつてこう言った。「反をかかげたとしても、それは自分にとっても見えにくいものに対してなのであったので、それで〈密か〉にしか口にできにくかった」（『飛翔と懸垂』）のだと。だからその得体の知れない相手に対してどう声をあげるかということ、そういう葛藤を持つことがもはやタブーを犯すことだったのだと。その上で彼が選んだ「沈黙」はしたたかな戦略であった。その太田演劇が再び発語に向かおうとしたとき、言葉が「こだわりを解き、単純化し、健康になる」ことは、もちろん難しかった。素直に大きな声を出せるのだとしたら演劇はいらないのだから。声を出すことそれ自体は「明るい」ことなのだとわざわざ言わざるを得なかった事情。発語の根拠を問わざるを得ない私たち、日本の演劇。この国では万歳の木霊がいまだに響いている。いずれ、声を出すということは、いつの時代でもどこでも大変な暗さを持っていると太田は逆説的に強調している。彼の言う、「明るい道筋」をこの国の演劇が持てるのかを私は本気で考えている。

　次に挙げる台詞は、日本人の新人劇作家が書いたものである。そのほんの一部を抜粋してみるが、とにかく台詞が長い。その内容は不満と不安と怒りに満ちている。このような言葉が、不意に、いや、ついに日本の舞台にも登場することになったのである。ついに、というのは大袈裟ではない。つまり、私たちの沈黙を打ち破ろうとするはっきりとした意志の下に書かれた一般的には不自然な台詞が書かれるようになったのだ。

男　みんな、死の前では平等だよ！　なんてほざかれてもねえ、いらねえよ、そんな平等。誰かが、抵抗をやめるときが死ぬときだって言っていたが、これは本当のことだ、おれは死ねと言われれば死なないし、首を絞められればその手を払い落とし、息を吐きすぎれば息を吸い、何も食うものがなければ蘇鉄を食い、風呂に入れないなら雨でからだを洗う。どこまでもつきまとう疲労に抵抗して、誰の命令にも抵抗して、邪魔するものには無頓着に壁にぶち当たりながら歩きつづけてだ、なあ笑ってくれよ、もう意味は蒸発して消えてなくなってしまったかもしれないが、これを最後にわたしと言ってみよう。わたしはここでは死ねないんだ……

自動販売機　しかし、わたしはあなたたちといっしょになってわたしたちと言うことはできません。わたしが待っているものは何もない、ただやってくるものを見て、話して、また離れて、また近づいて、ただ期待するだけ。次はどうしますか。さあ、わたしから中身を奪取して、あなたたちの疲れきったからだに注入しますか、あるいはまた死者をリサイクルさせますか、あるいはまた静かに頭を垂れて黙禱しますか。おすすめはありません。ご自由に選択してください。

　なんとも挑発的で大変に堂々としているが、残念ながら、そもそも台詞はそう長くはしゃべれない。そして嘘でもいいから「明るい」ことにしなければ客は席を立つ。どうウタうのかということは、作家ではなく演出が立ち向かわなければならない問題だ。以下に、この戯曲『忘れる日本人』を上演した際の上演台本を記すことにしたい。舞台上では、船（が置かれていた台座）を神輿のように俳優が

担いでいる。誰かの台詞に対して他の者たちが掛け声を繰り出す。
「わっしょい」という発語を台本では∀という記号を使って表記している。方向を指示する「右」「左」「戻せ」「前進」という台詞も入れた。つまり、長い台詞を自ら区切ったり、別の人物、あるいは事前に録音された音響によって合いの手を入れることによって、この劇作家・松原俊太郎の台詞を「私たち」の声にしたのである。

A　行き場がない。どこにもないわ。

B　右だ、右だ。

A　あ言い間違い。わたしたちには行き場がないんじゃなくて、居場所がない。さあ、芝居を始めましょう。

C　みんな、死の前では平等だよ！∀なんてほざかれてもねえ、いらねえよ、そんな平等∀。誰かが、抵抗をやめるときが死ぬときだ∀って言っていたが、これは本当のことだ、おれは死ねと言われれば死なないし∀、首を絞められればその手を払い落とし∀、息を吐きすぎれば息を吸い∀、何も食うものがなければ蘇鉄を食い∀、風呂に入れないなら雨でからだを洗う。

　　どこまでもつきまとう疲労に抵抗して∀、誰の命令にも抵抗して∀、邪魔するものには無頓着に壁にぶち当たりながら歩きつづけてだ、なあ笑ってくれよ、

　　もう意味は蒸発して消えてなくなってしまったかもしれないが、これを最後にわたしと言ってみよう。わたしはここでは死ねないんだ……

B　戻せ。

（以下、Aのわっしょいの後を録音の「わっしょい(∀)」が木霊のように流れる）

A　しかし、わたしはあなたたちといっしょになってわたしたち

『忘れる日本人』(撮影:松本久木)

と言うことはできません∀(∀)。わたしが待っているものは何もない∀(∀)、ただやってくるものを見て∀(∀)、話して∀(∀)、また離れて∀(∀)、また近づいて∀(∀)、ただ期待するだけ∀(∀)。次はどうしますか。

B　前進、前進。

A　さあ、わたしから中身を奪取して、あなたたちの疲れきったからだに注入しますか∀(∀)、あるいはまた死者をリサイクルさせますか∀(∀)、あるいはまた静かに頭を垂れて黙禱

（C、鉄の台座を地面に激しく置く。間。）

しますか∀(∀)。おすすめはありません。ご自由に選択してください。

「わっしょい」は、盛り上げる掛け声であると同時に切断である。このような方法で私は台詞を歌にすることなくウタにする方法を見出す。切断によってリズムが生じ、短い間がそこかしこに生じることで言葉の意味をいちいち確認することを聞き手に促す。現代演劇は、こうして意味を脱臼したり再構築したりすることで「対話」を生み出す。その対話は、翻訳戯曲を多く手がけてきた私の舞台においても、やはり極めて日本的に短く刻まれることになるのである。少し気取っていえば、それは過去でも未来でもなく現在形のままジェスチャーを駆使してそれを伝えようとする日本人の片言フランス語のようなものだ。それは体力を必要とする。いやこの際、暴力と言おう。対話と暴力は表裏一体。こうして私の舞台において、台詞はその話し手の身体を提示してゆくことに邁進することになる。最近の私の演出作品で発語が激しい運動を伴うことは、やはり明るい行為だと思う。それは沈黙の果てにやってくる大はしゃぎだと言ってよい。わっしょい。

　観客は、こうして言葉が声になる様を経験する。「震災後」とい

う時代にはじまった私たちの演劇を経験する。この経験こそが私は「演劇」だと思っている。そこには好き嫌いを持ち込む必要ももはやない。観客の受け止め方はそれぞれ自由だ、なんて甘ったるいことを私たちはつい口にしたりするけれども、それは明後日する話です。対話のないところに多様性なんてあるものか。わっしょい。

　あるとき、「三浦さんは、演劇でもって何がしたいのですか？」といきなり聞かれたことがある。少し面食らったことを覚えているが、そこはおしゃべりを身につけた似非パリジャン、待ってました、と言わんばかりに「まあ、日本人が、自分も含めてですけれども、声を出してゆけるようにしたいですね、演劇を通じて」と微笑みながら答えたものだ。ずいぶん青臭い返答だとも思えるが、あの質問に対してはこう答えるほかなかったような気が今でもしている。

　この質問には無意識に前提とされていることがある。それは、演劇を道具だと考えていることだ。例えばこういう言い方をよく聞くだろう。「音楽を通じて平和を願っている」と。しかし、私たちはそれを建前、あるいは偽善として捉える。音楽を演劇に差し替えても同じだろう。先の質問に対して「演劇を通じて平和を願っている」、と返答した場合、かなりの嘘をついてしまった気がしてならない。では平和を「革命」と置き換えたらどうだろうか。どっこい、しっくりくると思える人は、日本では生きづらいかもしれないが、認識は正しい。そう、世界の歴史を振り返れば、演劇は大変に危険なものであって、粛清の対象に真っ先に挙がる芸術である。沈黙する私たちにはピンとこないが、もちろん私たちの国でも検閲、上演中止に至る案件はいくらでもあった。昨今では「自粛」という素敵な沈黙の仕方まで身につけているわけだが。そろそろお気づきになったかもしれないが、私は今、とうとう政治の話をしだしている。そう、先の質問をしたのは、行政に携わる人であって、彼は日々政

治に生きているわけだから、純粋に知りたかったのである。三浦の政治を。だから、私が答えられたのは、せいぜい「声」という抽象的な言葉だった。本当は「革命」なのかもしれない。しかし、正直に言えば私だって怖いし、何よりも政治の文脈で演劇が誤解されることほど、ダサいことはないという良識を持っている。プロパガンダ。アジテーション。そうした道具としての演劇は、今日でも存在するのだからなおさらである。

　「声」とは、多くの言語において「投票」と同義語である。私が「日本人が声を出してゆけるようにしたい」と、つい口走ったのは、言い換えると、「日本人が投票にいくようになったらいい」という、選挙管理委員の発言でしかない。もちろん、平均して４割の日本人は投票している。ではあとの６割の人々に説教したいのかと言われれば困ってしまう。が、まあ、そういうことでもある。しかし、核心は、なぜ私たちは投票しないのか？ということであって、さらに言えば、既得権益を守るために毎回投票している人々にとって、それは果たして「声」なのかということも含めて大きなジレンマがある。くりかえす。私たちは、沈黙している。客席は今日も静かだ。外国で公演をするたびに「ブラヴォー」の喝采を浴び、終演後のロビーで質問攻めに合うたびに、私はこの国の静けさのことを思う。この国の作法を思う。「ども」「ども」とまるでテレパシーでのやりとりを可能とする私たちは、一体、何者なのだろうか。確かに平和なのかもしれない。美徳であるのかもしれない。そう思いたい自分と、客席にいる「私」との間に、あきらかに生じている齟齬がある。あなたは黙っている。それがこの国の習慣だから。あなたのせいじゃない。あなたはかろうじてこう口にする。「わからない」と。私は、こう答えるしかない。「あなたはわからないということはわかっているのではありませんか」と。

沈黙の国の演劇

　ここに「沈黙の国の演劇」を認める。しかし、演劇は手段でも目的でもなく、それは私たちの沈黙の内にくすぶっているどうしても排除することのできない何かとしか言いようのないもの、きっと人としての権利のようなもの、そして他の人と居合わせることで共有する悦びなのだろう。だから、本当は黙ってはいられないし、思わず笑ったりもするだろう。もちろん怒ったりもするだろう。私たちはこれを最後に黙る。もちろん明日、声を発するために。

わかる・わからない問題は、いつ解決するのか？
——あとがきにかえて

　やっぱり悲劇だった、という発見は、誰のものかというと、もちろん私のものではない。ところで、〈わたし〉とは誰なのか？　といちいち考えたくないのが普通の人だと思っていて、紛れもなく私＝三浦もその一員だと断言できる。そんな人たちは、何を履き、どこに立っているのか、むしろ裸足なのか、地べたに寝そべるのか、あるいは椅子に座ってみるのか……。いずれにせよ雨はもう降っている。ビニール傘は忘れ物、そこいらじゅうに転がっているんだから問題ないと思っていたら、想定外の豪雨では傘なんかそもそも役に立たない。だから、私もあなたも実はよくわかっている。得体の知れない誰かが「走れ」と命令していることを。「ぼんやりとした不安」は「ぼんやりとした私」でしかないことを。

　不安も私も、無効！　そんな私たちの帰国を一体、誰が待っているのか。帰国？　地点という劇団は、常に帰国してきた。いくら外国でもてはやされてもいつだって逃げない。逃げられない。どんなにうまいものを食べても、だ！　何を履き、どこに立っているのか、むしろ裸足なのか、地べたに寝そべるのか、あるいは椅子に座ってみるのか……。〈わたし〉の居方をいちいち試してみる。……わかりません。何がわからないのかはわかっている。もう解決。わからないのは、自分がなぜここにいるのか、ということだけ。田舎者禁止、信仰しかり、沈黙 NG だわ、これが私のリアリズム。ちょっと待って、普通の人たちの気持ちでしょ。「愛」は背伸びしなきゃダメだし、物語は擦り切れているし、政治は簡単だし、集団は気持ち悪い。やっぱり悲劇だった、という発見は、だから当たり前の日常。

仕方がない。同志、募ります。ぼちぼちこの本を閉じて、劇場に来てください。逃げ場かもしれません。そう、〈わたし〉を捨てられる場所。観客のひとりである三浦は、とりあえずいつもそこに座っています。靴を履いて。素敵な椅子に。だから鏡はもう覗く必要はない。

　わたしはあなたのそばにいる。

　同じ演劇を見ている。

*

　この散らかった文章を編集し、横書きでの出版を提案してくれた清水野亜さんの直感とねばり強さに感謝します。

　最後に、劇団の制作をしている田嶋結菜の仕事に敬意を表したいと思います。彼女のあっぱれさがなければ、この本だって存在しませんでしたから。

　さあ、脱稿！　稽古します。本番します。また書くさ。それでは劇場で。

　　2019 年 1 月

三浦　基

初出一覧

I

生身の観客　　　西日本新聞 2012 年 10 月 27 日

走り続ける 1　駈込ミ訴へ　　「紙背」2 号、2017 年 12 月

走り続ける 2　悪霊　　「紙背」3 号、2018 年 1 月

覚えられない台詞　　「現代詩手帖」2016 年 3 月号

悲劇だった。　　書下ろし

II

3 月 11 日は初日だった。　　「シアターアーツ」2011 夏・47 号

日本現代演劇の変　　「悲劇喜劇」2018 年 7 月号

戯曲とは何か。ナボコフの応答。　　「新潮」2018 年 6 月号

III

なぜスタニスラフスキー・システムではダメなのか？　　「地下室」
　草 1–3 号、2016 年

アクチュアリティとは何か？　　「舞台芸術」20 号、2017 年 3 月

自殺の理由　　「悲劇喜劇」2017 年 11 月号

沈黙の国の演劇　　書下ろし

三浦 基

劇団「地点」代表，演出家．1973 年生．桐朋学園芸術短期大学演劇科・専攻科卒業．96 年，青年団入団，演出部所属．99 年より 2 年間，文化庁派遣芸術家在外研修員としてパリに滞在する．帰国後，地点の活動を本格化．2005年，青年団より独立，活動拠点を東京から京都へ移す．同年，チェーホフ作『かもめ』で利賀演出家コンクール優秀賞受賞．06 年，ミラー作『るつぼ』でカイロ国際実験演劇祭ベスト・セノグラフィー賞受賞．07 年，チェーホフ作『桜の園』で文化庁芸術祭新人賞受賞．17 年，イプセン作『ヘッダ・ガブラー』で読売演劇大賞選考委員特別賞受賞．ほか，京都府文化賞奨励賞(11 年)，京都市芸術新人賞(12年)など受賞多数．12 年にはロンドン・グローブ座からの招聘でシェイクスピア作『コリオレイナス』を上演するなど海外でも高く評価されている．著書に『おもしろければOK か？ 現代演劇考』(五柳書院)．

やっぱり悲劇だった
「わからない」演劇へのオマージュ

2019 年 3 月 19 日　第 1 刷発行

著　者　三浦　基

発行者　岡本　厚

発行所　株式会社 岩波書店
　　　　〒101-8002 東京都千代田区一ツ橋 2-5-5
　　　　電話案内 03-5210-4000
　　　　http://www.iwanami.co.jp/

印刷・精興社　製本・松岳社

© Motoi Miura 2019
ISBN 978-4-00-025358-1　　Printed in Japan

―――――□ 岩 波 文 庫 □―――――

中 原 中 也 詩 集　大岡昇平 編　本体1000円

イプセン ヘッダ・ガーブレル　原 千代海 訳　本体 540円

か　　も　　め　チェーホフ 浦 雅春 訳　本体 580円

桜　　の　　園　チェーホフ 小野理子 訳　本体 520円

人間失格 グッド・バイ 他一篇　太 宰 治　本体 600円

―――――□ 岩 波 書 店 刊 □―――――
定価は表示価格に消費税が加算されます
2019 年 3 月現在